好秘书是这样炼成的

——秘书成长之路八谈

王西冀 著

广西师范大学出版社
GUANGXI NORMAL UNIVERSITY PRESS
·桂林·

图书在版编目（CIP）数据

好秘书是这样炼成的 ：秘书成长之路八谈 / 王西冀著. -- 桂林 ：广西师范大学出版社，2024.3
ISBN 978-7-5598-6546-5

Ⅰ. ①好… Ⅱ. ①王… Ⅲ. ①秘书学 Ⅳ. ①C931.46

中国国家版本馆 CIP 数据核字（2023）第 213204 号

策划编辑　黄　毓　黄丽江
责任编辑　黄丽江
校　　对　曾丽容　罗涵兮　庞子思
封面设计　刘　凛　刘黎立
版式设计　黄小纯
责任技编　石玉珏

广西师范大学出版社出版发行
（广西桂林市五里店路 9 号　邮政编码：541004
网址：http://www.bbtpress.com）
出版人：黄轩庄
服务电话：0771-2092860
全国新华书店经销
广西壮族自治区地质印刷厂印刷
（广西南宁市建政东路 88 号　邮政编码：530023）
开本：787 mm × 1 092 mm　1/16
印张：14　　　　字数：200 千
2024 年 3 月第 1 版　　2024 年 3 月第 1 次印刷
定价：65.00 元

我的秘书观

（代序）

我在县委办公室做过秘书，在地委当过副秘书长、办公室主任，在自治区党委办公厅任过秘书和党委副秘书长，在自治区政府兼过副秘书长，在自治区政协干过秘书长、办公厅主任。

在三个层级和三家领导班子中从事秘书工作累加起来的时间近30年，可以算是秘书行业的“熟练工”。工作之余，我也关注秘书学的研究并在媒体上偶发己见。回看起来，可称为有个人之见的集中在8点，且归总为我的秘书观。

1. **秘书工作的生命是质量。**多高层的秘书部门、多资深的秘书人员都有过败走麦城的经历，而且问题往往都出在细节上。这些年，“细节决定成败”这句话很流行、很在理、很深刻。对决策而言，细节是决定不了成败的。可这句话对某些工作却十分重要，比如秘书工作。我认为，决定秘书工作成功与否，不在于干事多少，不在于花了多少时间，而在于干出活件的质量。质量高，参谋助手的作用才大。当然，质量是有标准讲方法靠管理增效率的。这正是秘书学讨论得较少的内容，也是秘书工作需要加强的地方。

2. **秘书工作既无大事也无小事。**这么说，秘书工作岂不是无事或者全部都是“不上不下”“不大不小”的“中事”？当然不是此意。我认为，秘书在一定程度上要远离“大事”，即便有条件参与其中，也只是当好参谋，做好助手，一定要悠着点。所以，从根本意义上讲，秘书不是干大事的岗位和角色。既然如此，又怎么说秘书工作无小事呢？我认为，秘书工作不是单个人的事务，也不是个性化的活动，每一份文每一件事每一个会都涉及许多人许多事，甚至产生较大的影响，都将起到历史性作用，因而绝不是“小事”，绝不可小看，绝对要小心翼翼。因而，秘书工作是“事无巨细”。秘书是大事小事落肩上，必须干出点模样。

3. 秘书要“铁规则”与“潜规则”并重。秘书工作是一项很讲规矩的工作，规范性强、程序性强、层次性强、指令性强，不懂得其中的“铁规则”肯定会碰得“头破血流”，甚至会被淘汰出局，因而熟知“铁规则”很重要。但秘书工作又是随着服务对象的性格、要求及工作特点不同而变化的，死抠条文，抱着几条老规矩去做，必然不合时宜，甚至帮倒忙。因而，对领导个性化的要求，对群众正当性的诉求，对工作特殊性的掌握，对矛盾临机性的处置，都要“因地制宜”“心领神会”“马上处理”。只有熟知“潜规则”，才能谈得上做好服务工作，不能简单化、同一化。

4. 精神状态好差决定着秘书工作的成败。秘书工作不是高科技行业，没有多少核心技术，事多又事杂，加班又加点，清简又清苦，劳心又劳神，靠的是政治强、人品好、学养深，靠的是怀有热爱之心、执着之念、坚韧之劲，靠的是“捧着一颗心来，不带半根草去”的初心使命，始终坚持严谨务实的工作态度，严肃求实的工作精神，严格扎实的工作作风，从而确保事情在落实中不出问题，文电在办理中不出差错，会务在运转中不出失误。而那些爱出头露脸、张扬显摆、抢光夺彩、炫耀自我的人，那些患得患失、求名求利、耐不住工作艰苦、耐不住生活清苦的人，那些学习上不用心、处事上不精细、生活上不自律、追求上不高尚的人，肯定干不好秘书工作。

5. 写作能力是秘书成长的隐形翅膀。秘书工作千差万别，“十八般兵器”都需要，擅长各种工作的人都需要。秘书的能力要求最广，但秘书的写作能力无疑是最重要的。可以说，离开文字写作的秘书工作就不是真正意义上的秘书工作。其实，写作能力是所有公务员都必须具备的，只不过秘书的要求应该更高一点。实践也证明，具有较高写作能力的人，学习力、思考力、观察力、判断力、决策力就强一些，工作效果往往也较好。练就了较高的写作本领，自然就增加了成长提升的“本钱”。

6. 公文发展历史五分期说。公文历史源远流长，是一个不断发展变化的过程。“笔墨当随时代”，这句话体现在公文写作中最为明显，文种、用语、格式在不同的历史阶段都有所不同。对公文发展史进行分期研究是有必要的。目前的公文著作中对此大约有四阶段、五阶段、六阶段、七阶段四种分法，判断用语和时间划段有所不同。我将3000年的公文历史分为萌芽期、成型期、稳定期、变革期和发展期。我的五分期说与其他五分期说在时段定性和内涵定位上也有不同，与其他几种分期说区别更大。

7. **主题先行与赶任务。**秘书部门的“急就章”很多，可以说是“天天流水账，时时短平快”。很多事情，到了紧急关头领导才有指示，秘书部门却要迅速落实。文怕手中留，事怕手中搁。写文件更是如此，领导交代任务后，确定主题，限定时间，指定篇幅。题是领导给，文要秘书做。秘书是“有条件要上，没有条件创造条件也要上”，必须练就倚马可待的能力，按照领导要求，加班加点地赶，目的就是确保领导在规定的时间内用得上。为什么有“能当秘书的不是人，当好了秘书的更不是人”的说法？道理也许就在这里。

8. **“文难懂”是新时期机关工作的新难题。**文风问题自古就有，文风问题已经演化成党风问题、作风问题，甚至愈演愈烈。可以说，“文难懂”是新时期秘书部门的“疑难杂症”。如何克服“门难进、脸难看、话难听、文难懂”始终是服务领导、服务同级、服务基层和群众要解决好的世纪难题。每一个秘书工作者都应为克服“文难懂”持续努力。

目录

CONTENTS

一、做个新时代需要的好秘书

二、提质增效贯穿秘书工作的始终

三、写作能力是秘书成长之道

四、如何写好领导讲话稿

五、撩开“红头文件”的神秘面纱

六、克服公文的不正之风

七、秘书要做多面手

八、厚植秘书工作根基

一、做个新时代需要的好秘书

秘书工作要在继往开来中创新发展

站在建党百年的历史高度和引领未来百年发展的新起点上，中国共产党号召全党重整行装再出发，率领全国人民继续迈出中华民族伟大复兴新征程的雄劲步伐。作为发挥服务保障作用的秘书工作，迎来了一个大发展大创新大提升的广阔空间和非凡时代。

一、新时代秘书工作大有可为、大可作为

新时代，从本义上讲，是历史过程中有重大变化、重点事件、重要意义的阶段。党的十九大报告提出，中国特色社会主义进入了新时代。党的二十大报告进一步提出了建设中国式现代化的宏伟目标。这是我国发展新的历史方位，必然会给各项工作和各个方面带来机遇、提出挑战。

（一）这是一个干好秘书事业的精彩时代

秘书部门居于承上启下、协调左右的中枢位置，联系各方面最广泛，服务全过程最给力，保障需求性最直接，地位和作用都不可小看。踏上新征程，如何发挥参谋助手、综合协调、服务保障重要作用，助推贯彻落实好党中央的决策部署，既是前景广阔、使命光荣的重大责任，也是不断加强和改进、持续探索与创新的重要课题。习近平总书记在不同时期、不同岗位担任不同领导职务时，对秘书工作做出了一系列重要讲话和指示批示，提出了许多新思想、新观点、新论断，形成了关于秘书工作的重要论述。习近平总书记关于秘书工作的重要论述，用大实话讲大道理，用亲身经历讲自身经验，用真情厚爱讲真知厚德，有实践、有理论、有情怀，是做好新形势下秘书工作的科学指南，是推动秘书工作创新发展的根本遵循。我们必须用习近平新时代中国特色社会主义思想武装头脑、指导实践、推动工作，在新时代干出一个新样子。

（二）这是一个提升秘书工作的转型时期

进入新发展阶段，随着经济体制深刻变革、社会结构深刻变动、利益格局深刻变化、思想观念深刻变更，对国家治理体系和治理能力提出了新的挑战。挑战既是政治性的，也是工作性的，既是历史性的，也是发展性的，照应多方关切，配置多方资源，调动多方力量。这既是秘书工作的困难挑战，也是秘书工作者建功立业的重大机遇，必须提高站位、跟上形势、适应要求。面对新形势新任务新要求，秘书工作常常是大事要事交织、急事难事叠加，需要做的工作千头万绪，需要解决的问题复杂多样，面对的考验和挑战越来越直接、越来越繁杂。这就要求秘书工作者准确识变、科学应变、主动求变，加快履职能力转型升级，多一些热情，多一些创新，多一些奉献，切实提升服务保障的整体效能。

（三）这是一个施展秘书才华的广阔天地

看似寻常最奇崛，成如容易却艰辛。秘书工作看起来容易，做起来难，要想做好更难。总结起来，这个岗位难在事情千头万绪、情况千变万化、联系千丝万缕、压力千斤万担，一旦出错就会千悔万恨。要发挥好运转中枢作用，把秘书工作做精做细做出彩，就要求秘书工作者始终坚持绝对忠诚的政治品格，提高政治站位、强化政治担当、提升政治能力、落实政治责任，不断提升政治判断力、政治领悟力、政治执行力，在大是大非面前头脑清醒、在大风大浪之中坚守底线、在大情大势里面认清方向，任何时候任何情况下都做到政治立场不移、政治方向不偏、政治标准不降。始终坚持高度自觉的大局意识，自觉从大局看问题，把工作放到大局中去思考、定位、谋划，紧紧围绕大局、时时聚焦大局、处处服务大局，找准位置、找好角度，甘居幕后、甘当绿叶，使各项工作紧贴中心、适应发展。始终坚持严谨务实的工作态度，严肃求实的工作精神，严格扎实的工作作风，精准研究、精准部署、精准发力，不图虚名、不务他业、不搞形式，拿出冲劲、闯劲、韧劲，坚决做到办文无错、办会无漏、办事无误。

二、做好新时代秘书工作要把握规律、突出重点

秘书工作看似简单重复，实则包罗万象；看似事无巨细，实则有规可循；看似琐碎具体，实则关系重大。做好新时代秘书工作，需要把握规律、突出重点。

（一）牢记参谋和助手职责，努力在主动性上下功夫

进入新发展阶段，需要解决的问题越来越多、发展空间越来越大、速度变化越来越快、层次结构越来越多、结果影响越来越广，秘书工作的综合性、动态性和系统性也越来越强。发挥参谋助手作用是秘书工作的职责所在。秘书工作者必须要不断提升自身作为参谋助手的能力和水平，努力做到参之有道、谋之有策、助之有力、手到事成。理论是实践的先导。秘书工作者要发挥出谋划策、贡献智慧的作用，强化理论武装非常关键。要坚持把习近平新时代中国特色社会主义思想作为统揽秘书工作的总纲和强化理论学习的主线，通过多种学习形式，引导秘书工作者读原著、学原文、悟原理，持续在学懂弄通做实上下功夫，切实学出使命、学出责任、学出信心，使知责于心、担责于身、履责于行成为秘书工作者的自觉行动，深入调研、深刻思考，多出大主意、多干苦力活，力求一文一稿、一计一策都参在点子上、谋到关键处，助得上力、帮得上手。

（二）围绕加强和改进要求，努力在创新性上下功夫

面临新时代新要求，秘书工作与其他工作一样，都面临着许多新情况新问题，都需要在加强和改进中不断前进、赓续发展。树立“在继承中发展，在发展中创新”的理念，就要坚决克服墨守成规、因循守旧的思维定式，不囿于旧框框、老规矩、死条条，面对新任务、面临新形势、面向新目标，拿出新招数、推出新举措、搞出新模样，就要加强学习，研究政策，时刻对标对表党中央新精神、新部署、新要求，积极向先进地区、先进典型学习，在学习新知识、新理念、新做法中不断提高创新能力，就要找准着力点和突破口，在文稿起草上，打破陈词滥调，追求鲜活文风，做到老话题有新表述，新话题有成熟度，在提供参考意见时，立足前瞻性有新见，围绕地方性有特色，推动实效性有力度，探索突破

性有胆识。当然，创新应坚持“少而精”的原则，符合客观规律、结合工作实际、融合先进做法，不能样样都想搞，结果样样搞不如意、搞不到位、搞不出彩，甚至搞不下去。

（三）加大服务和保障力度，努力在精准性上下功夫

秘书部门承担着服务保障的重要职责，服务的质量高不高，保障的力度大不大，直接影响一线工作的效能。这就要求秘书部门着力在精准性上做文章。领导勾画发展蓝图，秘书部门要深化细节；领导提出工作思路，秘书部门要出谋划策；领导做出决策部署，秘书部门要推动落实；领导提出工作目标，秘书部门要考虑“行军路线”；领导要举办会议、活动，秘书部门要安排好“吃住行用”。总之，领导工作开展到哪儿，秘书部门服务保障就要延伸到哪儿，选准方位、找准坐标、瞄准靶心、精准对接，切实做到服务有方、保障有力。

（四）提高协调和落实本领，努力在实效性上下功夫

当下秘书工作的要求越来越高，涉及的方面越来越广，办理的难度越来越大，如果不能从全局的角度通盘考虑、协同推进，就会陷入顾此失彼、进退两难的境地。因此，要树立“一盘棋”思想，学会“弹钢琴”，发挥好牵头抓总、协调各方的作用，注重协同顺畅、整体优化，处理好局部和全局、当前和长远、渐进和突破、重点和非重点的关系，全面考量、全力推进、全程跟踪，把该统筹的科学安排好、该牵头的及时协调好、该配合的主动服务好，充分调动各方面积极性主动性，形成纵向同心、横向同力抓落实的合力。推动工作落实，确保决策部署达到预期目的，取得实实在在的成效是秘书工作的本职功能。如何确保各项工作取得成效？无非是在办事上用心用情用力，小事精办，大事特办，急事稳办，难事巧办，把上级的部署、领导交办的任务抓紧、抓细，抓在手、抓到位，抓出实效、抓出特色。

三、秘书工作在新时代要干出一个新样子

干出新时代秘书事业的新样子，是秘书工作面临的全新“考卷”，也是秘书部门必须明确如何去努力冲刺的目标。

一要树立奋进冲刺的新靶子。在危机中育新机，于变局中开新局，为秘书事业高质量发展确立了新要求。秘书工作者要胸怀两个大局，以实际行动和履职成效，交出服务中心工作的合格答卷。秘书工作的新目标，本质讲是提质增效、提升服务、提高水平。具体讲要在谋划工作上精准定题、科学选向、务实安排，下好一盘棋，聚焦发力点，为实现中华民族伟大复兴的宏伟目标夯实基础，落实计划，扎实推进，务求实效。

二要压实履职尽责的硬担子。做好新时代秘书工作，关键在人，关键在干。秘书部门要坚持问题导向，针对加强和改进环节中存在的突出问题，强化责任肯担当、提高能力善担当、模范带头真担当。领导班子确定好任务后，秘书部门要及时安排，列出任务书、划出路线图，配置好各种保障资源，一个一个分解，一件一件落实，推动工作开创新局面、闯出新天地。

三要提出创新探索的金点子。在继承中发展，在发展中创新，是我们党领导伟大事业发展的重要经验总结。但实践没有止境，探索就没有止境。新方位新使命拓宽了党和人民事业发展的新空间，更加需要新的观念、新的思路、新的举措、新的作为。现在许多新任务都没有惯例可循，没有经验可搬，需要摸索着来干，需要秘书工作者在实践中解放思想、大胆探索，以与时俱进的创新思维，积极推动工作思路理念、内容形式、方法手段、体制机制创新，努力打造新特色新亮点，为新时代伟大事业焕发新风采添砖加瓦。

四要牵住制度建设的牛鼻子。进入新时代，秘书工作的规范性、程序性、规律性越来越强，要求越来越高，事项越来越多，需要强化制度管理，用制度培养习惯，用制度规范行为，用制度形成文化。因此，要把完善制度机制，作为秘书工作的重要内容，加强调研、集思广益、统筹推进，注重制度间的衔接配套，力争成熟一项推出一项，努力做好这项打基础、利长远的工作。

五要锤炼提质增效的两下子。秘书工作者要紧跟新时代步伐，必须努力提高工作质量。秘书工作有底线，保证质量无上限。新时代对各级秘书工作提出了更高的要求，提质增效有了新的标准，要想干出新样子，秘书工作者就得有两下子。作为服务保障部门，在观念上要创先争优，在状态上要担当作为，在形象上要焕然一新，高标准谋划、高水平起步、高质量推进各项工作，不断提升工作科学化、专业化、精细化水平，引领秘书工作者以一流的标准、一流的水平、一流的作风、一流的服务，创造一流的业绩。

*六要举起改进作风的严尺子。*形势越复杂、任务越艰巨，越需要秘书工作者更好地把作风之实和履职之能结合起来，防止和克服形式主义、官僚主义，努力做到建言献策有用、谋划工作有方、凝聚共识有效、推进落实有力。要倡导极端负责的工作作风，说话诚实，办事扎实，力戒浮夸，无论办文办会办事都一丝不苟、严谨细致、精益求精，尤其是要按照减文控会的要求，进一步精简会议和文件，切实为基层减负。要不断加强管理监督，抓好纪律教育、政德教育、家风教育，通过思想淬炼、政治历练、实践锻炼、专业训练，不断提升秘书工作者的能力素质，努力打造政治坚定、业务精良、作风过硬、纪律严明的秘书工作队伍。

参谋助手是秘书工作的基本职能

当好领导的参谋助手是秘书工作的基本职能。“围绕大局反映情况、报送信息，围绕大局出谋划策、贡献智慧，围绕大局加强督办、促进落实，围绕大局统筹协调、搞好保障，努力提供优质高效的服务”是参谋助手职能作用发挥的要旨。秘书工作千辛万苦，千变万化，千头万绪，千差万别，都是参谋助手的延伸和归宿。参谋助手职能作用体现在秘书工作各个层面和各种方面，体现在领导工作起始及其运行的全过程。

一、参谋体现在辅助决策的工作过程中

秘书部门在辅助决策上能发挥最直接、最灵活、最经常的作用，特别是在全局性和综合性决策上，可以跳出部门、专业和利益的局限，提出合理公正的意见建议，确保以人民为中心的思想贯彻落实，提高群众的获得感、幸福感和安全感。新时代，秘书部门参谋职能的发挥有着广阔的空间，其职能的发挥也是加强和改进服务的必然要求。当前，秘书部门忙于办文、办会、办事，囿于地位、角度、方式限制，管理事务有余，参与政务不足。那么，如何解决这个问题呢?

一是提高观察能力，把握发展态势，做到领导未思有所谋。任何事物，都有着自身产生、存在、发展的过程和规律。因此，了解事物的过去和现在及其构成要素，分析各个要素之间的相互影响和因果联系，把握要素运动发展的规律性和多变性，便可以推知其未来走向和趋势。秘书要注重培养见微知著、由此及彼的能力，做到能观“月晕而风”、察“础润而雨”、见“一叶知秋”，经常深入社会各层面各群体了解社情民意，把握发展态势，从全局和长远需要做预测性分析研究，既看到积极向上、稳中求进的一面，又看到稳中有变、变中有忧的一面，从而在为领导出谋划策时，能够针对工作中存在的实际问题，找出解决问题的有效办法，

向领导提出正确的决策建议。

二是搞好调查研究，掌握一线实情，做到领导未需有所备。调查研究是做好参谋助手的基础性、常态性工作。领导直接开展调查研究的作用和影响自然更大，领导亲自走到一线、走进群众更为难得。但是也要看到，秘书层面的调查研究能跳出接待陪同的局限，和群众接触平等自然，看到的东西会多一些、实一些，了解的情况会丰富一些、具体一些。可以说，秘书掌握的情况越多，了解的情况越深，思考的问题越全面，提出的建议越符合实际，对领导就越有参考价值。在领导做出重大决策前，秘书部门要及早进行调查研究，收集材料，掌握情况，综合分析，做到心中有数，从而实现领导立要立送目标，真正成为“资料库”和“智囊团”。

三是捕捉信息动态，当好“眼睛耳朵”，做到领导未闻有所知。现实生活中的新事物层出不穷，新矛盾错综复杂，新信息纷至沓来，常常是大事要事交织、急事难事叠加，稍有不慎、稍有错失，就可能产生难以估量的后果和无法挽回的影响。秘书部门必须把及时了解各种新事物、剖析各种新矛盾、捕捉各种新信息作为履职尽责的重点，紧跟大局，紧追中心，紧盯问题，紧抓进度，多预测可能出现的负面动能，多了解顺中有逆的苗头动态，多发现平中见奇的变化动静，从而把握住基本态势和走向。同时，对收集到的信息情况加以精心精准的选择加工后反馈给领导，使领导胸有全局，高屋建瓴，眼观六路，耳听八方，迅速决策，指导工作。

四是找准定位角度，力求同层思考，做到领导未任有所感。领导与秘书在组织上是上级与下级的关系，在职责上是主体决策和辅助决策的关系，分属两个层次。如果囿于此点，就做不好参谋工作。因此，秘书要“身在兵位，胸为帅谋”，在为领导出谋献策时，秘书要“感觉”自己就是领导，把思维活动上升到领导的层面，站在领导的定位角度观察问题、思考问题，想领导之所想，急领导之所急，努力达到与领导的视线、思维、目标和价值评判同频共振、同感共识、同声共向，在这个基础上提出的意见建议才合理能用、合情适用、合规可用。

二、助手体现在事务落实的各个环节里

秘书工作的辅助性、铺垫性、协调性、落实性特点，决定了秘书就是领导的助手这个角色定位。助手就是领导的“帮手”，主要协助领导去实现工作意图和完成决策目标。协助领导处理各种事务，保证领导机关和领导工作的正常运转，把领导从繁杂的各种事务中解脱出来，便于他们集中精力抓全局、抓决策、抓大事，是秘书工作的应有之责和基础工作。助手不仅承担事务性工作的落实，也要推进关键性工作的展开。如何做好这个工作呢？

一是依文行事，令行禁止。秘书工作要有原则、有指令、有依据，不能想当然随己意凭兴趣，一般都是按章办事、依文行事、奉令做事。因此，秘书要对党委、政府一段时期内的重要工作部署或政治、经济、文化活动的基本思想、基本规律、基本要求，了如指掌，准确把握，及时将领导的要求、指示、决策迅速传达下去，最大限度地降低传递“失真度”。要跟踪落实工作的进展和成效。很多文件的落实有个过程，要注重文件落实的阶段性特点和长期性变化，紧盯整体链条中的薄弱环节和错综复杂处的关键部位，格外用心，分外留意，发扬钉钉子精神，咬住目标不放松，手握铁锤不落空，久久为功，抓细抓实，确保指挥有效，令行禁止。

二是奉命办事，敢于担当。因事及人，因人生威，这是一种客观现象。秘书协助领导推行决策，办理各种各样的事务，是代表或受领导之托进行的，要有一定的权威。秘书要敢于借“威”开路，大胆工作。对领导交办十分清晰明确的事，必须坚决照办，这是硬道理，没有什么弹性，没有什么余地，要敢于担当、勇于负责。对领导交办可以相机而行的事，不要拘泥于领导意见被动地去做，要开动脑筋，因地制宜，发挥自己的主观能动性和聪明才智，积极主动、想方设法做好落实工作，以实绩交卷。对领导还没有提到议事日程而下阶段又必须要处理的事也应当主动地去想去处理，尤其是遇到难题和矛盾时，不能轻易把难题矛盾上交，动辄把领导抬出来、推出去，而是要先行处理，敢于处理，妥善处理。只要对大局有利，对事业有利，对人民有利，就要放开手脚去干好。

三是协调促事，确保运行。秘书部门连接上上下下，关联方方面面，处于中枢位置，要发挥作用，主要靠协调推进。协调不能靠耍权威、打牌子、发脾气，主要靠人缘、人情、人格去组织协调，把各个部门和基层单位组织起来，照应各方关切、配置各方资源、调动各方力量，按照已定的工作决策和部署，统一行动，统一安排，统一推进，凝聚共识，形成合力，协同运行，共同实现工作目标。发挥统筹协调作用要着眼全盘，立足长远，求同存异，消除分歧，主动联络通报，主动提出建议，主动争取支持，主动让步包容，力求减少推诿、扯皮现象，防止矛盾、问题扩大。要注意及时发现工作职责不清、分工不明以致无人负责的现象，采取积极措施补短板、强弱项、填空白，及时反映诉求缓压力、增动力、添活力，确保工作运转流畅、运行有效。

四是督查成事，推进落实。督查工作是决策落实必不可少的重要环节，是确保政令畅通、令行禁止的有效方式，更是发挥助手作用的重要方法和集中体现，秘书要在这个方面大显身手。秘书要及时把领导决策分解定责到单位上、岗位上、人头上，及时把落实过程中的各种情况和问题收集上来，针对落实中存在的问题，提出解决对策和完善政策的意见建议，切实做到挂奖牌能找到脖子，打板子能找到屁股。督查工作必须敢字当头，敢于反映，敢于碰硬，敢于挑刺，敢于问责，真正做到不督则已，督则必办，不查则已，一查到底，确保集体决策和领导指令落在实处，落地生根。

新时代秘书工作应有新担当新作为新气象，做好领导的参谋助手是题中应有之义。这是一个大题目大平台，做好极不容易，努力没有止境，永远走在路上。

秘书工作“铁规则”

近年来，“潜规则”“元规则”“显规则”之类的词很流行，以致带起了一股修辞热，网络上时不时蹦出一个新词。显然，秘书界“潜规则”很多，但是要看到，秘书工作的规范性、科学性、程序性、制度性也越来越强，硬性规定和刚性要求很多。如何表达？于是就想到了“铁规则”。

我想到的秘书工作“铁规则”有八条。

1. 坐不窥堂。秘书的角色很特殊，处境很微妙，上可接触所服务领导层的“军机政密”，下可接近领导的亲戚朋友，熟知领导心路历程，懂得领导人脉关系，稍进一点，留心一点，还能摸清领导与他人的“是非曲直”，体悟领导处事的“来龙去脉”。因而，如果秘书在其中，不该懂的懂了，不该看的看了，不该讲的讲了，则犯大忌也，只有目不斜视、视同不见、见也不扬才能让领导放心。

2. 奉令承教。秘书的职能就是“等因奉此”，遵照执行，严格按照领导指示开展工作。秘书的服务性始终是第一位的。为做好服务领导而开展的调查研究，在辅助决策时所起的参谋作用，都不过是服务的题中应有之义，依然是服务工作的内容。秘书没有主动权、决策权、自主权，任何事情的操办和文电的出台，都必须得到领导同意。服务、服从、服气是秘书工作的主导词、常用词，时刻也不能忘记。

3. 拿捏分寸。凡事有深浅、厚薄、大小，拿捏分寸就指在其中找到合理的认可度。这与人的天分、修养和经验有关。刚柔并济、冷热适中、进退自如、外圆内方固然是描绘拿捏分寸最好的词，但也还有具化和操作的难度。秘书的“特异功能”就是能读得懂领导的“潜台词”，听得懂领导的半句话，悟得出领导的弦外之音。领导一句“你看着办吧！”若不费尽心思掂出轻重缓急就不能轻易行事。能听出领导欲言又止的意思，那就算是“心有灵犀”。只有觉得真正心领神会了，才能不失气度、不走板眼、不离谱儿地落实领导指示。

4. **事无巨细**。社会上有个观点，秘书工作无小事。我则有一个观点，秘书工作无大事。秘书“什么事都管”，只要领导关注的就要过问了解，不能分内外，不能分彼此，不能分大小，对办理的每一件事，都要将细节、进度、反响、节奏、结果及时汇报给领导。归根结底，秘书忙的事，没有大小之分，再小也大，再大也小，都要同等对待，都应举轻若重，都能举重若轻，千万不能以为是小事而小看之，也不能以为有大事忙着就置小事于不理，结果就有可能抱了西瓜忘了籽，而有时候，籽才是真正重要的。

5. **洞明世事**。领导也是人，秘书能近距离了解“领导那点儿事”，对领导生理缺陷、婚姻关系、子女情况的“难言之隐”，切忌提及，对领导的嗜好等隐私内容不可外传。领导的人际关系相对广泛而复杂，其一言一行都有倾向，亲疏远近都有讲究，要看得透，读得懂，摆得平。领导交代秘书办事，必须一办到底，不能轻易转办，即便是必须转办的，也要跟踪走向、进度、反应和结果。自己和领导的关系处理，既不能划清界限，也不能混淆你我。

6. **聚同化异**。这是求同存异的一种发展和提升。秘书部门位处工作中枢，联系各方，服务协调，要在聚同求合力、化异促合作上展现新作为，体现新形象。部门之间、同事之中思想认识有不同、工作意见有分歧、相互交往有隔阂是客观的。正因如此，秘书人员才需要在凝心聚力、沟通交流上不断努力，不能高高在上，指手画脚，自以为是，排斥他见，而是要海纳百川，博采众长，容人容事容言，多尊重，多提醒，多补台，超越分歧，避免内耗，化解差异，消除误解，达成共识，团结奋进。

7. **心中有数**。秘书不懂情况是最糟糕的。经常有这样的事，领导问秘书一些基层的具体情况，一问三不知。很多秘书写材料，文字很通顺，甚至很优美，就是缺材料、少情况，使人总感到“底气不足”。秘书对本区域内的情况应了如指掌，脑中一定要记数字，一问就随口而出。能随口说出一串串数字的秘书，必是能干大事的秘书。当秘书的千万不能只重文字而轻数字，只记观点而轻情况，只懂大概而轻细节。在以经济建设为中心的阶段，熟悉和掌握经济工作情况很有必要。提高知识、文件中的“含经量”是秘书努力的大方向。

8. **入境问禁**。一个地方与一个地方风俗不同，一个单位、企业也有自身的文化。东亚人爱吃豆腐，美国人却对此不感兴趣。有的人喜欢喝牛奶，有的人喜欢喝羊奶，还有些人却喜欢喝豆浆。许多人把狗肉、昆虫、蛇当作美味佳肴，而一些人却对此敬而远之。这些不同的风俗，如果不知道，轻则闹笑话、伤自尊，重则犯大忌、伤对方。在接待上更应如此，把对方基本情况、民族忌讳、籍贯习俗、生活嗜好等都了解清楚，效果自然会达到最佳。秘书还要有较强适应环境的能力，举凡社会环境、区域环境、岗位和工作环境的变化都要迅速适应，社情民意都应尽心了解。

秘书工作方法、技巧、经验、原则不计其数，这八条，既是对事，也是对人，既是方法，也是原则，既是体会，也是真经。

好秘书的“成功信条”

伤什么别伤面子。当好秘书就要“面面俱到”，不能犯“颜”。让人脸上添彩，机遇自然就来。交谈，听完再说；办事，换位思考。善于借花献佛，巧于补台提醒，乐于顺水推舟，精于关系处理，能容人之过、助人之困、成人之美。

好秘书是忍出来的。秘书界没有笨人，都是组织人事部门挑三选四才定下来的，才貌俱佳者多。正因如此，秘书不能恃才傲物，而是要忍字当头。忍常人不能忍，才能成常人不能成之事。因而言功时抛开得失，有错时敢于认过，失误时慎作辩解。当然，忍也要忍得阳光，忍得磊落，忍得超然。只有忍辱负重，才能担当作为，方有美好前程。成功属于坚忍者。

汇报是进步的阶梯。越在领导身边越要勤于汇报，每汇报一次，就和领导的关系走近一步，每汇报对一次，就在领导的信任度上增加一分。领导交办的事，步步报；外界聚焦的事，时时报；他人托转的事，件件报。不管有人报了还是没有人报，秘书要照报无误，防止漏报。勤汇报永远不是错。

宁可信其有，不可信其无。当今社会信息如洪水，泥沙俱下，倾泻而来，怎么挑选？基本的前提就是相信其真，然后再逐一核实甄别。只有在这样一种态度下才能不漏掉一点一滴有用信息。对信息不要轻易下断语，未加核准即出结论往往铸成大错。

听大不听小。秘书头上都是领导，个个可以发号施令。秘书工作多无定规，人人都能说得出一套。同样一件事，你有指令他有交代，怎么办？发指令领导中有大小的，听大不听小；发指令领导中都是平级的，听前不听后；发指令领导中有分管不分管的，听分管的。

提质增效是原则也是方法。秘书工作的本质是服务性工作，提质增效贯穿在工作的全过程和多方面，必须在思想上认识到位，能力上适应要求，制度上规范科学。要树立精品意识，政治上坚持高标准，工作上追求高质量，作风上提倡高效率，修养上锤炼高境界，每一项工作都精研深思、精雕细琢、精益求精，不容许一丝马虎，不放过一个疑点，不出现一个差错，不留下一个遗憾。同时，要力戒形式主义、官僚主义，在工作推进中，既要认识到“一失万无”的道理，又要有“万无一失”的保障，既不能“偷工减料”，又不能“层层加码”，既强调对标对表，又反对“照葫芦画瓢”，提倡从实际出发守正创新，以实事求是拓展提升，勇于负责，敢于担当，切实把小事办精彩、中事办圆满、大事办成功。

善于抓住关键点

秘书承担的职责多种多样，应对的工作千头万绪，处理的关系四面八方，一着不慎，一招不实，一字之错，一事之误，都会带来被动，都会影响大局。因此秘书要怀有强烈的责任意识和担当精神，把压力转化为动力，把动力转化为能力，把能力转化为实力，认真做好已定工作和既定目标的前期谋划和具体安排，详细做好任务分解和落实方案，拿出路线图和时间表。要强化一抓到底、善始善终的责任感，不驰于空想、不骛于虚声、不炫耀功绩、不追求名利，一心一意把秘书工作做精致、做精准、做精彩。

达此目的，要善于抓住关键点。

点，是空间定位、时间定置，具有接续性、决定性、转折性意义。在推进工作中，抓住关键点就要盯牢节点、突出重点、打造亮点。

一是盯牢节点。有几句话很流行，即“机不可失，时不再来”“把握时代脉搏”“抓住战略机遇期”。这些话贯穿和体现的就是节点要求。时空坐标中，节点很重要；历史发展中，节点也很多。比如两会、新中国成立70周年大庆、2020年脱贫攻坚决战决胜全面建成小康社会、“十四五”开局、100年党庆、党的二十大召开，可以说每一个历史阶段和重大活动都有节点规律与节点要求，我们每一次都是在新的节点上出发。因此，抓工作一定要把握工作节点，按照顶层设计，执行工作方案，落实领导批示，都要有板有眼、有理有节，有张有弛，以一个节点一个节点任务的完成来保证工作目标的实现。如果错过工作的节点，没有按照既定的节点走，就无法顺利推进工作，甚至要误事。这就像搭火车乘飞机一样，晚点了就搭乘不上。还像大妈跳广场舞，按照节拍，越跳越有样，越跳越带劲，反之就乱，就难看，甚至跳不下去。因此，秘书部门要按着党委、政府的节点走，上下一致、步调一致，使工作推进更加有序、更为有效。任何一个单位任何一级部门的经常性工作都很多，但计划性又很强，可以说一年工作早知道。什么时间搞什么调研，召开什么会议，组织什么活动，基本都是明确了的。要提质增效、按时交卷，就要对标对表、挂图作战，列好任务清单，明确进度要求，将责任层层压细压实，对成绩逐项按质定价、按数算钱、按时结账。

二是突出重点。秘书工作百端待举，百事有我，千呼万唤，千头万绪。每天摆在办公室桌面的文件材料堆积如山，每件事涉及方方面面。怎样才能把事无巨细的工作都理顺、理清、理好，这就需要突出重点。任何事情都要分个大小上下、轻重缓急。秘书工作本身也一样，秘书处送来的文件夹不是也分个蓝皮、红皮嘛。什么是重点？怎样抓住重点？那就要把握大局所需、把握职能所系、把握关键所在去选择确定。重点确定之后，要紧紧抓在手上，不松手、不甩手、不缩手、不脱手，精准发力，强化措施，加强协调，落实责任，跟踪追击，久久为功，切实使工作重点落地生根，超出预期。重点工作抓好了，就能带动一般，推进全面，进而活跃整体工作局面。

三是打磨亮点。干一件成一件，件件都是六十分，没有哪件得满分得表扬，这种工作状态和成效只能是及格水平。社会上对秘书部门的印象，主要来自每年的亮点工作，也就是所谓的“拿手菜”。社会公众不可能很详细、很全面地了解某个单位和部门，如果拿不出令人眼睛为之一亮的东西，社会影响力就小，点赞的人也就少。亮点工作怎么来呢？把擅长的事做到极致，把领导关心的事抓出成效，把群众期盼的事办得扎实，亮点自然也就出来了。因此，在工作中要尽量避免那种年复一年走老路、机械应付干事情的老办法老套路老习惯，要敢于打破惯性思维，敢于走别人未走过的路，大胆闯大步走，积极地去探索创新。要善于对平常的工作进行反思和总结，在“求异思维”中找到新做法新途径，只有这样才有可能创造出特色亮点，为工作加分添彩。

秘书工作无大事

秘书部门被称为“参谋部”“协调部”“服务部”“后勤部”，工作的附属性、服务性、参谋性、助手性决定了其性质定位。做好秘书工作在很大程度上不取决于干了多少惊天动地的大事。但秘书界流行一种说法，即“秘书工作无小事”。仔细琢磨这句话的含义，可以知道，秘书工作服务大局，服务领导，服务群众，稍有不慎，影响极大，抑或说秘书工作难度大、要求高，一时疏忽，全局受损。从这种意义去讲，这句话讲出的道理很深刻。而从秘书工作的属性、特点及规律讲，秘书工作无大事。

此话从何谈起呢？

秘书工作是流水式工作。秘书的主要任务是收发传阅文电资料，记录转办领导指令，接待处置来信来访，服务宾客迎来送往，协助领导开会调研，通俗讲，就是办文、办会、办事。这其中的劳动固然繁杂辛苦，常常夜以继日才能操作完成，但总归这些事只是日常性的“小事”。

秘书工作是应急性工作。秘书工作没有规律。一个机构与另一个机构，一个领导与另一个领导，一个部门与另一个部门的要求都不一样，作为服务性岗位的秘书，基本上是“召之即来，来之能战，战之能胜”。领导有思想火花了，秘书得记录成文；领导有事情交办了，秘书得迅速处理；领导有会议召开了，秘书得立即操办。总之是，没有预告，没有定规，接令即行，来文即转，有事即办，每天“零办结”，实现“零差错”，“急”是其基本性的要求。

秘书工作是附属类工作。秘书部门是服务保障机构的“前哨”和“后院”。服务是秘书工作的天职。服务是多向的，既对上，又对下，既管内，又顾外，伴随服务主体职能而开展，针对各方要求而调整。秘书部门对应的上下秘书部门也不构成独立系统，而是各从其主、各负其责、各担其任、各管其事。只要是服务保障需要涉及的事，不管多杂，都必须系统安排，有序处理，切实保证服务机构运转高效。

秘书工作所办的小事、急事、杂事，是否就无足轻重？非也。小事、急事、杂事连着的都是大事。没有这事那事，大事就办不好，大就无所谓大。

正因为秘书工作平时所忙的都是小事、急事、杂事，更应培养自己办大事的能力。这一点，秘书也有优势。秘书不能陷于事务主义，要善于利用身处中枢、了解大势、贴近领导、服务大局的有利条件，勤观察，善积累，潜模仿，使自身增加思考力、决策力、协调力和执行力。

说秘书工作无大事，不是否定秘书工作的价值，而是要使秘书工作的定位更准，从而培养出一批又一批德能兼备的秘书工作人才，推动秘书事业发展走上新台阶。

当好秘书“领头羊”

秘书长肩负着联系上下、沟通左右、协调各方的特殊职责，是秘书机关“参与政务、管理事务、搞好服务”的“领头羊”，其压力大、任务重、难度高，做好不容易。从担负参谋助手的职能作用看，秘书长可以用“六长”概括，即参谋长、耳目长、调度长、督导长、总务长、大队长。

一、参谋长

秘书长要给领导班子出大主意和好主意，必须有全局性、政治性、前瞻性的大眼光，善于从党委、政府中心工作的高度思考问题、研究工作，跳出一地、一事的局限，从全局和长远的层面考虑问题、处理事情，坚持在大局下思考、在大局下行动，不能陷入只见树木不见森林、只忙忙碌碌而不深入思考的事务主义之中。要对关系事业长远发展的一些重大理论和实践问题，提前考虑，及时研究，统筹谋划，提出新的思路和方法。

二、耳目长

《汉书·孙宝传》里讲道：“穉季耳目长，闻知之，杜门不通水火，穿舍后墙为小户，但持锄自治园……”杨树达在《积微居小学金石论丛·长沙方言续考》里解道：“按长沙今言人之消息灵通者曰耳目长。”什么是领导？就是信息比别人了解得早一点、多一点、深一点的人。秘书长工作是领导工作和领导触觉的延伸，要为领导掌握信息，做好服务。当好耳目长关键在于耳勤善听、目勤善察、心勤善思，为领导提建议、报信息，优质高效做好帮助提醒工作。

三、调度长

秘书长工作涉及上上下下、方方面面，要加强与各方面多层次的工作协调，加强与各部门各单位秘书部门的业务协调，需要调动各方力量，配置各方资源，回应各方关切。秘书长在协调工作的“硬条件”上是不足的，要做好各方工作、充分调度保障不容易，必须在勤俭基础上尽力用好手中条件，让多方提供支持，做到衔接紧密、配合到位、运转顺畅，形成工作合力，保证工作开展。

四、督导长

督办落实是机关工作的关键环节。秘书长是当然的抓督办落实的牵头人、责任人。每年的工作计划、工作要点确定之后，秘书长要根据总体部署，对工作任务一件件地归纳梳理，制订详细工作方案，重点针对关键环节和容易出现问题的地方纠错补漏、调整完善。秘书长必须要把责任扛在肩上、事情抓在手中，把责任和事情落到岗位上、人头上，谁主抓、谁协助、谁具体操办、谁督促落实，都要小葱拌豆腐——一清二白，凡事都有人去管去盯去促去干，事成找得到有功之人，问责落得准失误之主。

五、总务长

后勤工作做得好坏，直接影响到履职和机关运行。要切实服务好重要会议、重要活动的开展，切实做好后勤保障工作。要切实解决机关福利后勤的困难和问题，解决干部职工的生活之忧，让他们轻装上阵、愉快上班，高效运转。后勤工作大有可为，要在新要求下走出路子，要在新规矩中找到办法，努力做到让领导满意、群众满意、基层满意。

六、大队长

秘书长既是决策的参与者，又是决策的执行者。秘书长既要组织好队伍上战场，又要亲自冲到一线挡子弹；既要准确理解会议、文件精神和领导意图，确保正确方向，又要讲究方式方法，科学统筹，合理安排，盯住重点，抓好落实。对于久攻不破的难点问题，要重视上心，亲自上阵，率先上场，攻坚克难，担当作为，集中突破，务见成效。

“六长”集于一身，如何才能当好秘书长?

（一）既当好“大掌柜”，也做好“小店员”

秘书长是为班子守家的人。这个家好不好，关键是秘书长要“守好门、管好人、办好事”，那就要进一步加强机关的政治建设、思想建设、组织建设、作风建设、纪律建设、制度建设，努力打造信念过硬、政治过硬、责任过硬、能力过硬、作风过硬的高素质的干部队伍。同时，也要看到，秘书长不是家长，管家不当家，不是大事决策者、大局引领者，而是一个“小店员”，应时刻听令而行，听从指挥，领导指向哪儿就打向哪儿，领导指示啥就落实啥，态度端正，把握精准，行动快捷，执行坚决，确保领导意图得到迅速体现，确保工作安排逐项推进完成。

（二）既当好“大参谋”，也做好“小科员”

要时刻洞察时代方位和发展大势，深刻领悟政策精神和领导指示，加强前瞻性思考、全局性谋划，着力在谋大、谋深、谋远、谋实上下功夫。当前，要密切跟踪后疫情时代国内外形势发展变化，准确把握新发展阶段的形势任务，围绕时代发展要求，特别是在涉及深化改革、扩大开放、统筹推进高质量发展等重大问题上，加强政策研究，组织调研视察，广泛收集信息，提出意见建议，为领导工作提供高质量的参谋服务。同时也要看到，参谋工作很大程度上是落实性的、操作性的、协调性的，要体现在工作安排部署和推进落实上。接到任务激情满怀，遇到困难不躲不怕，多捧“烫手山芋”，多当“热锅蚂蚁”，多做“扯皮克星”，在打硬仗、扛重活、攻难关中彰显担当，不把“想了”当“做了”，不把“做了”当“做好了”，努力使每件事情都精心运筹、精耕细作、精雕细琢，把自己经手的每项工作做到非常棒、做到无遗憾、做到得点赞。

（三）既当好“大导演”，也做好“小演员”

每一项秘书工作都是一个涉及方方面面的系统工程，只有把各方面工作统筹起来，把各方面资源整合起来，把各方面力量协调起来，把各方面作用发挥出来，努力形成上下联动、左右协调，各方参与、多向联动的工作格局，才能有效避免“长短腿”“缺漏项”等问题。抓统筹协调不等于各项工作平分秋色、一线平推，而是善于化繁为简，敢于删繁成简，分清轻重缓急，抓重点、抓关键、抓结果。秘书长要把主要时间、精力放到研究解决牵一发而动全局的重点难点问题上，着力抓好上级重大决策部署的落实。只有重点难点得到了突破，其他各项工作才能全面展开、全面推进、全面胜利。同时，要做好拾遗补阙的工作，抓实抓细抓具体，既把大家看得见的工作做优，也把大家看不见的工作干好。秘书长管的事情，没有大小之分，再小的事，都要一视同仁、一体对待、一样用心，特别是对小礼节、小场合、小角色、小兴趣要格外慎重和认真对待，千万不可“因小失大”。

二、提质增效
贯穿秘书工作的始终

质量是秘书工作的生命

秘书部门是单位运转的枢纽，是连接领导和基层的桥梁，起着承上启下的作用。秘书工作质量的好差，决定着服务水平的高低，决定着工作运转的快慢。随着社会的发展和形势的变化，人们对秘书工作的要求也越来越高，不仅仅要求简单地完成某项工作，而且要求工作规范化、制度化、智能化，以更好地服务于领导和基层。

总之，衡量秘书工作的好差，不能简单地只以数量做标准，更主要的是看质量如何。因此，质量是秘书工作的生命。

一、制定标准

有什么样的标准，就有什么样的工作质量。标准引领着质量。一个人对人生确定的目标高，奋斗的信心就足，成功的可能性就大。一个单位制定的工作标准高，管理就会随之严格，工作质量就能得到较好的保证，就有可能创造更多的财富，或者发展速度更快一些，或者人才成长更好一些，或者工作成效更大一些。

标准可以起规范作用。一个单位、一种行业，都有其特殊性。如果不制定出各种标准，行业和单位的运行就无章可循，无所适从，相互制约，各行其是，忙而无功。秘书部门是一个协调性较强的中枢机构，更需制定运行的各种标准，用以统一办文、办事、办会，用以把好“入口”和“出路”，使各项工作得以有序开展，高效运行。

标准的制定要科学。标准定高了，无人可以达到，欲速则不达，容易挫伤积极性；标准定低了，落后于时代，落后于先进，失去意义，不利于鼓励人们争先创优。所以，标准的制定，既要注重行业的特殊性，又要注重单位的针对性；既要注重区域的先进性，又要注重发展的阶段性；既要注重定量的目标，又要注重定性的准确。要用标准来激励精神，界定先后，衡量高低。制定标准要防止主观主义和本本主义倾向，不能从想象出发、从概念出发、从领导随性要求出发，特别强调既要注意“接轨”，瞄住世界标准，向“高大上”看齐，也要注意“接地气”，传承过去好的做法经验，多从本地本单位的实际出发，听取本单位干部群众意见，从能够实施运行的起点定起，这样的标准就是科学的标准。

制定标准是提高工作质量的制度性要求，必须要从解决实际问题出发，从事业发展需要出发，依靠集体的智慧，立足于调动多方面的积极性，只有如此，标准才能成为保证质量的“利剑”。

二、改进方法

秘书工作质量如何体现？应体现在从宏观到微观的各个层面、各个环节、各个细节，强调第一次就必须把事情做好，从第一件事做起，从第一次做起，从第一分钟做起。说每一句话、办每一件事、发每一份文、待每一个人，都要想着怎么说、怎么办、怎么发、怎么待是最优的，没有这个意识，就谈不上优质。

建立预案制度很重要也很必要。预案是领导进行科学决策、提高决策效率的重要参考。秘书部门在做参谋助手工作时，应该超前考虑，协助领导出主意、做预案。平时，这项工作秘书部门不是没有做，而是在出现重大事情时才做，往往是临时的，想到什么就做什么，碰到什么就拿什么预案，这是不科学的，也是工作出错或漏办的重要原因。临时抱佛脚，总有想得不周到的地方。建立预案制度不仅仅涉及重大工作和重大事项，还涉及工作的各个方面。总之，要有超前思维，想领导之所想和未想，谋领导之所谋和未谋，尽量把问题想在前面，把工作做在前头，并随着工作的进展而推进，围绕工作的变化而调整。

秘书工作很琐碎，千头万绪，纷繁复杂，工作中哪一个环节想得不细，哪一个方面做不到位，都会影响全局的运转，所以对每项工作的全过程各环节，都要想细、落细、做细。想细，就要把工作的方方面面都想到，如可能出现的各种不利因素，处置各种复杂情况的方法等；落细，就要提前拟出详尽的方案，严格按方案操作，明确各个环节的衔接方法，落实责任人员等；做细，就要使工作到位到点，不放过任何一件小事，不放过任何一个细节，不放过任何一个方面，不能随意精简程序，不能靠想象和推理安排工作，而是件件落实、步步到位。要提倡精雕细刻做工作，抓实抓细抓具体。做切实的工作，使每一件事都有结果；做细致的工作，使每一件事都很全面；做具体的工作，使每一件事都落到实处。

秘书部门积累的许多经验，对提高工作质量起到了促进作用。现在，秘书部门有不少工作是新增加的，还有一些工作在原来基础上又有了新的发展，另外一些工作在内容上虽然和原有的工作相差无几，但要求却有了明显的提高。面临新的情况和新的任务，沿用旧方法事实上已不可能。只有对以前好的工作方式、方法继续加以运用，对不适应形势发展需要和领导要求的方式、方法及时加以改进，在继承中发展，在发展中创新，才能不断提高工作质量。

三、严格管理

管理是一个永恒的主题。任何一个单位、团队，要形成凝聚力、向心力、战斗力，都必须建立在全方位、全过程、全员性的严格管理基础上。工作过程的程序化、标准化、规范化是严格管理的内在要求；奖勤罚懒、优胜劣汰是严格管理的主要手段；从严要求、从严考核并使之有序、有情、有法，则是严格管理的基本保证。

秘书部门是一个单位的核心部门，管理的好坏关系到工作质量的高低，进而影响到单位的形象和工作的正常开展。管理的基础是建立和完善科学的管理制度，界定每个岗位、每项工作的标准和责任。就秘书部门而言，还没有制度的要建立制度，建立了制度的要完善制度，完善了制度的要抓好落实。从实际工作情况看，凡是工作受到影响出现问题的，大多数都是在制订和实施制度上存在不足。因此，要改变不敢管、不想管、不会管的现象，大胆负起责任来，做到事事有章管、事事有人管、事事管到位、事事管到底。

荀子说："不教而诛，则刑繁而邪不胜；教而不诛，则奸民不惩。"所以，在管理上一定要防止"不教而诛"和"教而不诛"两种倾向。我们讲严格管理，并不是动不动就采取"高压"的办法，不是冷酷无情，不是以罚代管，也不是以惩代教，而是要讲究管理的方法和艺术。从关心和爱护秘书出发，把管理和教育结合起来，真正使秘书懂得严格管理"道是无情却有情"。严而有据、严而有理、严而有责、严而有情，这样，才能增强秘书遵守纪律和制度的自觉性，才能形成一种齐抓共管的良好局面。

四、提高效率

效率，书面解释是在单位时间内完成的工作量，通俗讲就是快，不但快而且好。效率问题，是当今世界普遍面临的问题。任何一个国家任何一个部门任何一家公司任何一个员工，都不可能置身于当今全球经济无情的效率竞赛之外。世界竞争的本质就是效率之比。

追求效率也要保证质量，讲究质量不能忽视效率。比如，明天就要开会，可今天晚上文稿还没出手，那么，即使这个文稿质量再高，哪怕说得天花乱坠地涌金莲，又有什么用呢？还不是照样误事？所以说，秘书一定要清楚所处的地位、环境、形势和任务的特殊性，增强工作的紧迫感，不仅要在快的同时追求好，还要在好的基础上追求快，既快又好，又好又快，奋起直追，奋发图强地把工作做好。

讲效率，要确保指挥有效。秘书部门负责人就是总调度，只有通过有效调度，令行禁止，简化环节，减少层次，才能高效运转。如果负责人讲话不起效果，对各部门、单位、人员的指挥不灵，效率就无从谈起。

“文件成山，会议如海”，这使多少领导和工作人员陷入其中无法抽身，这也是秘书部门的普遍现象。“文山会海”严重影响工作效率的提高。只有下决心搬掉“文山会海”，才能为提高工作效率扫清障碍。因此，秘书部门的目标是少发文，发短文，发不可不发的文；少开会，开短会，开不可不开的会。

质量提升永远走在路上，必须下力气，花功夫，想办法，搞投入，落实落细，抓长抓常，久久为功，持续努力。

服务是秘书工作的天职

秘书工作原则历来没有较统一的说法，也是秘书学研究中的薄弱点。中国共产党建党以来，形成秘书工作诸多原则。1926年7月，中央成立秘书处，党创立了有组织体系的秘书工作。1929年10月，《中共中央秘书处的组织及其工作报告大纲》中提出秘书人员要“忠诚地”为“政治服务”、“为党的中心服务”的原则。1930年1月28日，《中共中央秘书处的组织及其工作任务》明确了三大职能，即“指导机关经常工作的执行者”“党内机要工作总汇者”和“上下级党部关系的枢纽者”。1951年，中共中央办公厅和政务院秘书厅下发了《关于各级机关秘书长和不设秘书长的办公厅主任的工作任务和秘书机构的决定》等七个文件，明确秘书长和办公厅主任的工作性质是“既要参与政务，又要管理事务”。后来虽有充实完善，但大体相同。20世纪80年代，秘书学界提出并形成了“三服务”“四个转变”的指导原则。21世纪前20年发展为“参与政务、管理事务、搞好服务”。可见，原则内涵是丰富发展的。既有一般原则，也有基本原则；既有政治原则，也有业务原则。这里所谈的“基本原则”，是有时态、有层次、有重点的。总结百年建党历史，各个阶段所提出的秘书工作要求都离不开“服务”二字及其精神、内涵，因而服务成为秘书工作中最根本的、起主导作用的原则。它决定着工作的结构和要求，也界定了工作的方法和方式，是秘书工作永续努力的方向和目标。

服务既然是秘书工作的基本原则，那就必然有其基本的定位和职责。从服务对象看，主要集中在“三服务”，即为领导工作服务、为同级机关服务、为基层和人民群众服务。这既是服务层次对象的递进，又是服务重点的突显；既是党的宗旨在秘书工作中的落实，又是秘书工作努力方向的界定；既是对秘书工作历史和经验做出的新的理论概括，又具有很强的实践性和操作性。“三服务”是一个有机整体，适用于任何一级机关任何一种行业的秘书部门和人员，标志着新时代秘书工作指导原则的历史性飞跃。

为领导工作服务，这是秘书工作的本性。秘书工作伴随着领导工作的全过程和各方面。领导工作的每一个环节，都需要相对应的秘书工作作为依托。秘书部门是个依附体，它的生存、运转都是围绕着领导活动这个主体进行的。可以说，秘书没有属于自己的劳动成果，这是职责要求，也是行业特征。为什么提倡秘书要有奉献精神，原因就在于此。为领导工作服务，创造一个好的工作条件是秘书的首要任务和基术要求。当然，在服务过程中不能给领导帮倒忙。这方面，有经验，也有教训。

为同级机关服务，这是秘书部门最直接、最经常的工作。上下左右中，工农兵学商，众口难调，做好工作不容易。因此，要多与同级机关进行工作交流，加强彼此的沟通，求得理解与合作。有任务时，相互支持，协同完成；有经验时，相互学习，取长补短；有问题时，及时提醒，共同攻克；有矛盾时，加以调解，互相包容。这样才能使各机关之间形成“一盘棋”，确保整个同级机关运转，共同解决好效率和质量问题，共同保证各项任务的圆满完成。

为基层和人民群众服务，这是党的根本宗旨在秘书工作中的体现。为人民服务需要懂得群众想什么，要什么，忧什么，乐什么，需要与人民群众保持经常性的接触。如果秘书部门能够做好领导的“耳目”和“窗口”，做好领导与群众的“桥梁”和“纽带”，服务基层和人民群众的工作就有了良好的基础。如果秘书眼睛朝天、高人一等，瞒上欺下、虚以应付，门难进、脸难看、话难听、事难办、文难懂，那谈何服务！

当前，秘书部门还存在不少与“三服务”不相适应的地方。比如，深入实际调查研究不够，督促检查工作力度不大，信息时效性不强；轻视一般的工作部门，对领导和群众两副面孔；迎合领导口味，忽视群众意见，报喜不报忧；形式主义、官僚主义、本位主义、教条主义严重等。对这些思想和现象要切实重视，加以改进。

做好服务工作，应树立全面服务的思想。全面体现在上、中、下三个层次，也体现在秘书部门各项工作之中。我们提倡想问题要全面，抓工作要具体。办文、办会、办事务必认真细致，确保万无一失。我们提出说好每一句话、办好每一件事、待好每一个人，做好当前的事、做好自己的事、做好身边的事，就是要求工作争分夺秒办理、精益求精做细、一件一件落实。总之，做好服务工作要求在做每一项具体工作时，都想到整个工作环节，照顾各方、服务各方，团结协作、精诚合作，从而缩短办事流程，简化中间环节，加快工作节奏，保证整体运转的高效和高质。

做好服务工作，应坚持对上负责与对下负责的统一。对上和对下负责，本质上都是为人民服务。对上负责就是对领导负责，对领导负责首先要对党负责。要从对党负责的高度去看待领导的一言一行，去服务和服从领导，不能盲从和乱从。对下负责，就要经常深入群众，看一看领导决策是不是符合实际，是不是得到群众的拥护和支持，把群众的真话反映上去，把群众的问题放在脑中，把群众的冷暖装进心里，为群众做点实实在在的事。如果以为“伺候”好领导就了事，看不起部门和群众，最终也是做不好工作的，既会害自己，也会害领导。

听清楚·问清楚·想清楚

我们发现，许多秘书在办文、办事、办会的具体工作中不是缺少知识、不懂常识、没有见识，而是在整个工作环节中不注重听清楚、问清楚、想清楚，因而承办事情达不到要求，写作文件过不了关口，操作会务称不上圆满。

俗话说："人要精，善于听。"善于倾听是成功的一半。倾听是一种能力，它要求精力高度集中，情绪自我控制，理解力求同步。倾听能力是秘书必须具备的基本能力。很多秘书忽略了这一能力的培养，特别是新秘书对领导有敬畏感，不敢平等地与领导交流，往往在听方面出问题。领导交办事项时，不少秘书当时以为听明白了，事后想来却没有真正明白。原因很多，领导在交办事项时，有讲得并不清楚的，有点到为止的，有方言影响的，等等。秘书稍不注意就有可能听错。秘书在与同事和基层群众交流沟通、了解问题时，也要倾心而听，仔细记录，认真核对，否则就有可能听走样，呈报领导、协调处理起来就会误事。听清楚有一种笨办法，那就是做笔记。动笔可以提高自己的注意力，同时也显示出对交办者的尊重，给交办者留下良好的印象。

"问者只笨五分钟，不问者笨到终身。"这是来自生活的智慧结晶。问清楚，特别是领导交代事情后还要问一问，对这一点，许多人有顾虑，怕给领导留下不精明的印象。实际上，这是多虑的。领导交办事情时，大胆地向领导提问，或者重复一遍领导交代的事项以求领导的认证，这只会证明秘书对领导交办事情的态度严谨认真，给人留下可靠稳重的印象。事实上，恰当的提问往往能引发领导进一步地阐述意图，对吃透把准领导交代事项很有作用。当然，如果已经完全听清楚了领导的意思，那大可不必再问。问清楚也需要掌握方法和分寸，选择不同角度问、变换地点问、通过不同方式问（如书面）、不同时间问。不管怎么样，对没有听清楚的事，一定要问清楚，不要怕丢面子，不要怕添麻烦。只有问清楚的事办起来才有把握，才有信心，才有底数。

听清楚或者通过问之后把意图都完全掌握了，是否就能把事情办好呢？也不尽然。如果不在想清楚这个环节上下功夫，事情办得未必理想。很多秘书处事的遗憾甚至失败，都是因为在领导交办事情之后就匆匆忙忙去办，结果丢三落四，办得不科学不完美。听完之后，弄清之后，要花工夫想想如何办才最好，怎样办才最快。实现目标的路有很多，选择十分重要。选择的过程就是想清楚的过程，这个环节千万少不得。想清楚的事最好一一列出，以供执行参考和备忘。当然，想清楚的功夫要花在平时，注意事情的来龙去脉，留心办事环境的迁移变化，站在领导角度思考比较，这样才能真正地想清楚。

听清楚、问清楚、想清楚是很浅显明白的道理，却是真正有效的秘书工作诀窍。

进得来·留得住·出得去

当前，我们面临的形势异常复杂，担负的任务相当艰巨，要使各项事业不断取得成功，必须建设一支适应时代发展要求的、能够经受艰苦条件和复杂环境锻炼的高素质的秘书队伍。秘书大多数是从各单位各方面选调的，都是人才，在培养、使用和输送等方面做好秘书人才培养工作很有必要，这就需要在“进得来、留得住、出得去”上形成人才成长良性循环。

一、选择优秀人才

秘书部门是一个“既出成果，又出人才”的地方。出成果就是通过秘书的辛勤劳动，多出一些高质量的工作成果；出人才就是从有利于秘书尽快成长出发，把秘书部门建成培养和输送人才的“基地”。秘书部门要千方百计吸引人才，既面向社会广招人才，又立足本地，把那些愿意做秘书工作的肯干事、能干事、有本事、有潜力的人都尽揽其中，形成人才集聚高地。

有些优秀人才由于各种原因无法揽进秘书部门，也要变换形式使用他们。比如，成立专题调研组、写作组及专项工作小组，定期不定期抽调使用，还可以通过招聘、挂职跟班、委托课题等方式使用。秘书部门人才来之不易，都是左挑右选来的，承担的工作十分繁重，十分辛苦，要爱护这支队伍，保护这支队伍的积极性，保持这支队伍的持续性。

二、用活秘书队伍

秘书工作综合性强，接触面广；秘书岗位是个苦和累的岗位，是个锻炼人的岗位；秘书队伍普遍年纪轻、素质高，理应多出人才、快出人才。因此，用活这支队伍十分重要。

用活，就要提高队伍素质。在秘书部门形成学理论、讲政治、敢担当的良好风气，创造一种人人求进步、学知识、钻业务的良好氛围，引导秘书用知识丰富自己、用理论指导工作，勤政廉洁，敬业爱岗，从而全面提高这支队伍的政治思想和业务素质。

用活，就要形成“来去自由”的良性循环机制。秘书部门长期以来存在工作人员“调不进、留不住、送不走”的问题，影响了秘书人员的进步追求和工作积极性。因此，要抓好“入口”和“出口”，更多方式更为广泛地选人用人。要创造条件和抓住机遇积极向上级组织推荐提拔秘书、向有关部门推荐使用秘书。事实证明，秘书部门出去的人才领导放心，素质较高，群众满意。当然，工作骨干应该相对稳定，要通过“用事业留人、用感情留人、用适当的待遇留人”等方式来稳定好队伍。只有真正“让新来者有奔头，让留下者有干头，让出去者有甜头”，才能不断增强秘书部门的向心力和创造力，不断提高秘书部门的吸引力和影响力。

三、优化工作环境

精心调配来的秘书，各有所长，有的擅长文字写作，有的善于组织协调，有的干后勤服务工作很有经验。因此，秘书部门应特别注重营造一种互相尊重、互相支持、互相配合、互相补台的和谐气氛，创造一个轻松愉快、心齐气顺的工作环境，杜绝出现那种我高你低、你干我看，以及“躺平”“内卷”的现象。领导同志和秘书部门负责人平时要关心秘书的思想，贴近秘书的感情，了解秘书的忧喜，做秘书的知心人，要想方设法解决他们引起“周身不适”的困难和问题，除掉眼前困扰和后顾之忧，使他们心情舒畅，奋发向上，全身心地投入工作中。

优化工作环境，无疑要不断改善办公条件，增加现代化的办公设备。新时代，办公智能化正以前所未有的速度迅猛发展，秘书部门日常办公的智能化程度越来越高。秘书部门应努力创造条件增加现代化办公设备，提高办公智能化水平，确保工作质量的提高。

四、改善生活福利

秘书部门是清苦部门，工作条件艰苦，工作任务繁重，工作待遇偏低，只有努力抓好后勤保障工作，才能解决秘书的工作生活所需，最大限度地调动秘书的积极性。

在政策和条件允许的情况下，应努力改善秘书的生活福利，千方百计增加他们的收入，及时解决他们工作和生活中的困难。

尽管现在休息日增加了，但秘书加班加点的现象还很普遍，甚至牺牲的休息时间更多了。如果秘书得不到适当的休息，势必会影响工作效率。因此，对值班和加班要做好科学的预测和精准的安排，不要为一点小事就让秘书、司机及其他工作人员等一大帮人待命。在没有急难险重任务时，该休息的休息。

秘书队伍一般都较年轻，在这个集体中，各种特长的人都有，应多开展各种文娱、体育活动，既利于展现各人的特长，又利于活跃气氛，增进友谊，消除隔阂。对离退休人员和生病住院人员的生活治疗情况、秘书子女的入学入托及就业安排等也要及时关心、努力解决，免除他们的后顾之忧，最大限度地调动秘书的积极性和创造性。

总之，要坚持严管与厚爱相结合、高标准严要求与多信任多关心相结合，政治上激励、工作上支持、待遇上保障、成长上促进、心理上关怀，树立起鲜明正确的用人导向，营造出担当作为的良好环境，凝聚成团结奋进的强大合力，就能让秘书部门成为人才成长的高地。

关系摆平才是能力水平

秘书是专家又是杂家，既要对上又要对下，既要对外又要对内，既要能文又要能武，既要独立处理事务又要协助做好政务。当一个秘书不容易，当好一个秘书更难。如何在如此多角色中做好秘书？摆平以下七个关系很重要。

一、前台与后台的关系

秘书往往被称为领导的影子，常常站在后台扮演着参谋助手的角色，很少有抛头露面的机会。当然，这不是绝对的角色定位，有时候，秘书也要站在前台。这就是秘书被称为“门面”“窗口”“形象”“代表”的原因。什么时候应站在前台？接待来信来访，处理群众纠纷，碰到急难险重任务时就应该站在前台。有矛盾和问题就回避，或者是照录上呈，甚至推到领导头上，做中转站，当“甩锅佬”，这是秘书工作所不允许的。

领导因为职务的需要往往是电视上有影、报刊上有名、广播里有声，知名度较高，影响力较大。作为服务角色的秘书常常伴随领导开展相关活动，日久年深，潜移默化，也容易滋长名利思想。实际上，一些秘书长期服务领导，也逐渐引人注意，具有相当的知名度和影响力。但要牢牢记住，秘书在服务领导时是不能争彩抢光的，应隐身其后，做一个“无名战士”。有些秘书帮助领导写了一篇稿子，这个稿子又得到了普遍点赞，就生怕别人不知道，到处宣称是自己代写的，这是不成熟的表现。有些秘书利用领导的威信和岗位便利，干一些谋取不正当利益的事，更是违规犯法的行为，必须要引以为戒，不越“雷池”。

二、主角与配角的关系

秘书也能当主角吗？可以。相当多的时候，秘书要有主角意识，把自己当作是“领导”，不然，就无法提升自己的认识、思想、水平，写文稿、办事情就会距离领导的要求太远。在处理具体事务时，必须要有主角风范，能独立了断的事，不给领导添乱，有成熟独到的意见，要敢于落墨直陈。那些无论巨细事事请示的做法是不科学的，也是不称职的。当然，秘书主要还是做好配角工作，为领导的决策落实做好服务。秘书工作的特点是“听令而行”，服从命令，听从指挥，领导指向哪就打向哪，不能和领导“并驾齐驱”“平分秋色”，更不能“替天行道”“反仆为主”。

正因为有主角和配角的区别，工作中就常常产生主动和被动的问题。秘书部门要围绕中心、服务大局，那就必须做到较早地识大局、明大势、懂大事，超前思考、及早谋划。这个过程就是主动、被动不断转换的过程。就秘书工作而言，出题人是领导同志及团队班子，而组织答题则离不开秘书部门的服务保障。在这个过程中，要争取主动、按照年度工作计划和其他工作安排早准备、早安排，在做提前工作上下功夫。当然，事物千变万化，工作安排和要求也会有调整和改变，这必然会带来被动，要迅速适应，快速调整，对接沟通，确保工作质效不受影响。

三、领导与群众的关系

秘书部门是领导同群众交流、联系的纽带，既要为领导服务，又要为群众服务。为上服务和为下服务是高度统一的，为领导服务归根到底就是为群众服务。如果不能树立为群众服务的思想，就不可能做好为领导服务的工作。从某种意义上讲，真正把为机关、为群众服务的工作做好了，把上下关系理顺了，本身就是对上级领导最大的、最直接的服务。在理论上弄清这一点并不难，真正处理好却不容易。

我们常常发现一些秘书对上是一副面孔，唯唯诺诺、满脸堆笑；对下则是另一副脸色，颐指气使、专横跋扈。这些人貌似对上认真负责，实际上是对上敷衍塞责，导致官僚主义、形式主义等浮夸作风的蔓延，影响了领导机关和领导个人在人民群众心目中的形象。秘书要尽可能使领导的意图与群众的利益、愿望和要求相吻合，一言一行都要为人民群众着想，与领导工作思路合拍，扎扎实实地干好工作、干好事业、干出成绩，让群众满意，让领导也满意。

四、务实与务虚的关系

秘书工作是务实性的工作，需要扎扎实实埋头苦干。离开了扎实苦干，秘书工作中的任何一件事情，哪怕是很小的一件事情都是做不好的。所以，秘书作风要踏实，汇报工作要讲实话道实情，不夸夸其谈、不弄虚作假；总结工作要求真务实，尊重客观，不讲大话、套话；调查研究要摸实情、求实效，不搞形式主义，不做表面文章；提供信息要有喜报喜，有忧报忧，不掩盖，不隐瞒；写作公文要善于归纳、注重总结，不哗众取宠，不铺陈夸张。因此，秘书工作要贯穿一个“实”字，实事求是，扎实务实，讲求实效。

但是，秘书部门不是物质生产部门，其工作在很大程度上又是务虚的，所以要拿出时间经常务虚，对客观存在的“老大难”问题，对发展过程中发生的新问题，做深入的调查研究，联系本地实际认认真真地研究一番，在这个基础上提出对策，组织协调相关部门去攻坚克难。秘书部门还要善于总结经验，每做完一件大事，每开完一个大会，每搞完一个大活动，都要坐下来进行总结，与过去比，与外地比，对照领导的要求，查不足，找问题。通过总结对比，寻找解决问题的途径，优化开展工作的方法，不断提高能力水平。

提倡务实与务虚相结合，就要坚持既重视做好具体工作，又善于进行理性思考，不断探讨秘书工作的内在规律，使工作逐步实现科学化、规范化、制度化。

五、政务与事务的关系

1951年，第一次全国秘书长会议就提出：“既要参与政务，又要掌管事务。”这就明确了秘书工作的两大职能。政务包括文稿写作、调研、信息、督查、拟文等工作，主要是给领导想办法、出主意、当参谋；事务主要是协助领导搞好后勤保障，包括印发文件、会议活动、值班接待、协调保密、信访档案等工作，主要是给领导和机关提供运转条件和事项落实。秘书部门包含工作之多之杂，难以想象，难以预料，随领导要求变化，按工作需要调整，各个方面各个环节各项工作构成一个整体，没有轻重之分，没有高低之别。那种以为政务重要、事务次要，搞政务水平高、搞事务能力低的认识是错误的。做好任何一件事情都不容易，有条件的部门单位应定期轮岗，让秘书成为多面手，既擅长政务，又熟悉事务，这样在能力成长上才更全面。

六、横向与纵向的关系

秘书工作主要就是搞协调，发挥“黏合剂”和“润滑油”作用。协调就是把上下左右方方面面的工作兼顾到、照顾到，推进好、落实好。从横向来看，有两个同层关系必须协调好：秘书部门内部处室之间的关系，与同级秘书部门的关系。处理横向关系，主要是汇集多方智慧、凝聚多方力量，搭好合作平台，下好一盘棋，画好同心圆，靠的是沟通交流、商量协议以及尊重配合、包容理解。从纵向来看，上下关系的处理重在汇报请示、通报联动。对上，要主动汇报工作、反映情况、获得支持，畅通上情下达、下情上传的渠道；对下，要加强联系沟通，相互学习交流，整合力量，切实发挥秘书部门的整体优势。

七、服务与管理的关系

秘书部门的总职责是服务保障，但也承担着机关日常运转协调管理的职能，是一个寓服务于管理、寓管理与服务于一体的关系。

服务更多的是体现在按照领导要求抓落实上，要提前谋划，及时安排，主动考虑多环节多方面的需要，满足工作所需的场所、人员、资金、材料等条件。管理则重在协调多方力量，控制整体流程，围绕既定方向，推动目标实现。秘书部门的管理更多地依靠制度化、标准化、程序化方式体现。

服务和管理虽有柔刚之别，目标却是一致的，不可截然分开。在推进工作中，既要坚持原则，在底线问题上不容商议、不打折扣，同时也要因地制宜，因人而异，求同存异，聚同化异，从而达到工作的最佳效果。

做好精细文章

党的十八大以后，党中央以及中纪委、中办、国办、中组部陆续下发了各类改进作风、勤俭节约、克服形式主义、官僚主义的通知、规定、意见、条例，要求之强，超乎想象；密度之大，超过既往；成效之好，超出预期。

由此，我想到自己任县委书记时的一件小事。当时我年年都到学校去慰问师生，除了组织上安排的慰问品外，我自己总会带几十本笔记本、笔等物品送给农村贫困的学生。这些东西从何而来？都是参加会议积攒所得。一次会议一个包一本笔记本一支笔，一年积攒下来，可以“武装”一个班。回到秘书工作岗位后，我经常参加一些决策会、研讨会和座谈会，每当拿到厚厚的几份或十几份印刷很精美的讨论稿、送审稿、征求意见稿时，想到这些材料的“寿命”只有几小时、几天，我的心就隐隐作痛。

秘书工作是“天天流水账，时时忙不停”，工作流量和耗材不是小数字。因为一个字的校对差错，材料就得重印；因为标注印数多出一个“0”字，文件就多印几百上千份。一个领导讲话稿减少几行字就有可能少用一页纸，开会时就可以少几十上百页纸，形成文件印发时甚至少几千上万页纸。这类事例并不少见。秘书工作的关联性、示范性、系统性极强，一个文件影响面很广，一个会议涉及人很多，一个活动串联环节很长，只有把文、会、事办好，才能不断提高效率和质量。

怎么办才好？我以为做好精细文章很关键。

“精细”两字并不神秘和复杂。精细即精确、细致。再大的事也要落点在小事上。小事不能小看，小事更不能小办。只有始终怀有对事业、对群众、对历史高度负责的态度，不做“差不多先生”，小事才会做到完美。

做好精细文章不能总用“加法”，搞得烦琐复杂，而应用“减法”，化多为少，化繁为简，化难为易。现在的机关单位里，对“舌尖上的浪费”和“软腐败”现象高度重视，对“笔尖上的浪费”及“长明灯现象”注意还是不够。机关中用水用电和物品使用随性化现象比较普遍，管理的潜力巨大，必须加强。

表面上看，秘书工作虽然不直接和项目、资金、物资打交道，但一张纸、一颗钉、一次用车、一餐饭、一间房的节省，月月年年汇聚起来也是“大数据”。

各级秘书部门在制度化、程序化、规范化建设上持续努力，多年积累下来，“框框条条”不少，这既是好事，也是束缚。在新形势新要求下应大胆清理，勇于再造，跳出既有模式，不断探索创新，在精确上用力，在细节上出彩，从而保证工作要求落到实处，落在长远。

行政不靠文多

党内外在为“四风”得到有效遏制点赞的同时，也共同感到“文山会海”的治理依然任重道远。

一段时间以来，社会热议“文件夺冠”“材料政绩”现象，干部群众期盼党委和政府驰而不息、久久为功地整治“四风”，让“用材料评优劣，以汇报论英雄”的形式主义、官僚主义风气如过街老鼠，人人喊打，无处遁形。

为什么没有实施可能、没有实质内容、没有实用价值、没有实际作用的会议、文件、活动依然“大行其道”？主要就是一些机关单位和领导干部的“会议情结”懒政思维不变、“公文往返”工作模式不改、“形式重过内容”政风痼疾不除。

如何对此来一个综合治理和克难攻坚？我们认为至少应在四个方面发力。

其一，改进工作考评方式，以实绩论英雄。各级各部门的绩效考核、项目督查、工作评比很多，迎检工作的基本模式就是“整材料”。上级派出的工作组从工作方案、会议动员、领导讲话、总结评比“一条龙”逐项查阅，程序一个不漏、材料一件不缺、会议一次不少方得通过，而实际情况如何并不看重。入选夺冠获奖评先的单位和地方，大都是靠材料弄得全、好、精、细，可供上送，可用转发，可资模仿，可作宣传。这种考评方式倒逼出“以会议落实会议、以文件贯彻文件、以方案指导方案、以套路应对套路”的形式主义做派，令人徒唤奈何！

其二，防止红头文件“穿马甲”，向“另类公文”说不。《党政机关公文处理工作条例》所列的15种公文因为出身“名门望族”，列为“正宗”，应用较为规范，运转相当严谨，格式要求统一，给人“公事公办”的印象和依法行政的味道。另类公文“构件”不要求完整，内容因地制

宜，风格因人而定，不要求“穿统一制服”(不印红头文件)，也不强求“走统一路线”(办文程序不太严格)，通俗性强，应用性广，灵活性大，时效性高，写法更接地气，使用空间广阔。

不少地方和部门为减少文件数量，规定某种级别的单位一年只能发文若干，年底还要对账看单追责任。在实际行政过程中，一些部门和地方却没有走出工作靠开会、管理靠收费的老套路，没有把功夫下在精简优化文件会议上，以“白头”代替“红头”来行文，甚至出现了“红头”不如“白头”的现象。也许正因文件“穿上了马甲”，反而无所顾忌，数量猛增，成为行政运行中人人为之忙、人人为之苦、人人为之怕的一大怪象。

其三，精简各类领导小组，杜绝政出多门。领导小组是强化工作重要而有效的方式。对一些重点性、专项性、复杂性的工作，成立领导小组专抓，往往事半功倍。可是，一些地方层层叠叠地设置领导小组，诸如牛奶供应、豆腐生产、垃圾清理之类的日常性工作，也成立领导小组推动。领导小组开展工作的方式往往是先开领导小组会，接着开动员会，再开汇报会，后开总结会，“你开会我开会大家都开会”，“你发文我发文大家都发文”，结果“谁来落实”成为问题。这种政出多门、叠床架屋的领导方式要来一个大清理、大改革。

其四，提倡领导干部即席讲话，形成说了就干的好风气。转作风改文风，关键在领导。领导干部虽然是“关键少数”，却是“文山会海”大数据的直接制造者。我们当下的行政体制和工作方式，领导讲话很有必要、很起作用，正因如此，更应强调领导干部把话讲好，切实做到“一般不讲话，讲话不一般，不讲一般话”。如若领导干部都能深入实际面对问题，追踪溯源破解难题，立行立改，马上就办，雷厉风行，就能形成时代新风尚，开创工作新局面。

我们也应看到，另类公文本身带有普通性、隐匿性、随意性，既要承认其与时俱进的客观合理性，又要看到“白头”材料替代“红头”文件的现实危害性。因此，防止“四风”反弹，少发文，发短文，就要对文件材料进行综合治理，上下合力攻坚，久久为功。既要在主体公文的控制上全面防守，也要在另类公文减负上持续发力；既要引起主导因素领导层的高度重视，又要强化推进力量服务层的主动自觉；既要健全完

善管理制度，又要改进转变工作方式。

各级各部门只有把功夫和时间放在深入实际、精准施策，简政放权、明晰职责，狠抓落地、务求实效上，才能确保党中央、国务院的决策部署逐项逐层落地生根，引领方向，转变作风，推进发展，促进和谐，造福群众。

攻克文山会海

文山会海现象常常反弹回潮。一些领导干部谈到会议多时，无奈地讲，他们不是在开会，就是在去开会的路上。一些基层干部谈到检查多时，感慨地说，他们不是在加班准备迎检材料，就是在陪同检查的路上。据2017年6月25日《人民日报》报道称，2016年某镇的政法委副书记开了280多场会，平均一个工作日超过一个会。镇里到县城有两个小时的车程，来回路上得半天，开会用半天，一天一个会，根本没时间落实工作。时至今日，文山会海依然成为基层的一大负担，文件又多又急又长，会议又多又密又空，刚去"留痕造档"，又来"掌上烦恼"，刚去督查验收，又来调研指导，因而文山会海成为网络和社会上热议的高频词，成为党委和政府专门行文治理的形式主义、官僚主义顽疾。秘书部门要在这场战斗中争当先锋、勇立头功。

文山会海的新表现何在？

发不完的文件，整不完的材料，开不完的会议，导致行政效率下降，形式主义抬头，工作作风漂浮；以材料论英雄，以新词造亮点，以押韵对仗为能事，以"将来时"当作"完成时"，"长、空、虚、假"现象滋生；留痕主义盛行，会议记录、下乡日记、图片拍照、签字盖章、指纹刷脸、手机定位，重"痕"不重"绩"、留"迹"不留"心"；事事签责任书、级级搞大检查、个个当"二传手"，事无巨细都列了清单却无人落实；下任务层层加码，提要求级级增高，给时限节节缩短，逼迫下级搞对策玩忽悠；属地管理成了筐，样样都往里面装，政策打架无人管，你对我错条条挡，典型经验出得快，投入做法难比量，碰到问题绕道走，小事积成"老大难"；工作依靠本本，管理查找条条，评判成绩"一票否决"，考核验收"一根标尺"，基层难以应对，干部难以背负，严重挫伤干事创业积极性。

文山会海表现多种多样，难以数列，不管其状若何，根本原因就是形式主义、官僚主义导致的思想不求实、作风不务实、工作不落实。我们务必视之如敌，合力攻克。

一要报真情、说真话，重实际、求实效。新时代，是一个强化政治要求、崇尚求实精神、呼唤实干作风、重视品德修养、厚植民生情怀的时代。讲真话、报实情、重实际、求实效理所当然成为党和国家工作人员的作风要求，成为共产党员的党性要求，成为秘书工作的基本要求。现实生活中真话、实话、心里话成了“稀缺品”，而高谈阔论不见行动、形式主义不干实事、轰轰烈烈不重实效的不正之风颇有市场，搞浮夸、打埋伏、弄形式的做法成了套路。面对这种现象，秘书工作者必须树立正确的世界观、人生观、价值观、政绩观，坚持一切从实际出发，经常在路上、在现场、在基层，翔实掌握材料，真实反映情况，求实提出建议，务实抓好督查，刹住形形色色的弄虚作假之风，为领导决策当好参谋助手，为推动新时代高质量发展贡献智慧力量。

二要少发文、发短文，少开会、开短会。以会议落实会议，以文件落实文件，既容易让落实走空，也容易形成文山会海。很多工作部署会、总结会、座谈会、表彰会，文文相依，会会相袭，逐级召开，逐文传达，不开会不知道如何抓工作，不发文不懂得如何抓落实。很多材料逐级上报，不管有没有用，很多事情等着开会“听令而行”。结果是工作围着材料转，材料围着会议转，工作落实在会上。克服之，没有绝招，只能是不定脱离实际的目标，不开不解决问题的会议，不发没有实质内容的文件，让基层腾出时间和精力真正蹲在一线，破解难题，创新探索，建功立业。

三要多留绩、少留痕，多指导、少指责。督查考核是推进落实指导工作的有效方式，但不能“一刀切”“一锅煮”，不以召开了几次会议、出台了几个文件、制订了多少工作方案、成立了什么规格的领导小组来判断工作成效如何，排序定位在哪，而是要着力解决党性不纯、政绩观错位的问题，着力解决督查检查过多过滥的问题，着力解决基层负担过重、形式主义要求过多的问题。那就要改进和完善考核方式，一切从实际出发，从效果出发，不以书面痕迹为依据而以干部足迹为依托，不以材料长短打分数而以工作实绩做结论。有问题不一棍子打死，问责任不一板子盖完，把领导方式和指导方法转到现代、科学、法治的轨道上，不断提出真正解决问题的新理念新思路新办法，切实以求真的态度、鲜明的导向、及时的纠偏、精准的整改来形成以干为荣、用实绩说话的新风尚。

攻克文山会海是一场攻坚战、持久战、整体战，需要发扬钉钉子精神，持续发力，综合用力，长期努力。

三、写作能力是秘书成长之道

成长的隐形翅膀：写作能力

人有很多能力，人也需要很多能力，人的能力各不相同。能力的强弱，决定着一个人在社会上做出的奉献大小，决定着一个人事业的成败。有些人因专业特长取得历史性的创新成果而彪炳千秋，有些人因壮举豪情成为叱咤风云的英雄人物而名垂千古，有些人因维护民族团结功勋卓越而流芳千载，更多的人则是在普通岗位上勤奋努力度过了充实的一生。观察这些历史现象，人们看到的大都是其他能力，而对支持这些伟人、巨人、普通人生存发展的基本能力——写作能力却关注不够。其实，这也是他们成长的隐形翅膀。

一、写作是成长的基础

无数事实证明，写作能力是一个人成长过程中作用大、见效快和持久性强的一种基本能力。这样说，理由至少有这样几点：

1. 古代入仕“考”为上。中国自古以来有一句话很流行，即“学而优则仕”。为什么能如此？因为当官靠考。“考”比的是学问，学得多，学得深，学得准，就有可能考上，考上就可以当官。在过去，绝大多数人学习就是为了走仕途。宋代赵恒曾写有一首《劝学诗》：“富家不用买良田，书中自有千钟粟。安居不用架高堂，书中自有黄金屋。出门莫恨无人随，书中车马多如簇。娶妻莫恨无良媒，书中自有颜如玉。男儿若遂平生志，六经勤向窗前读。”诗中写的是幻境也是现实，是追求也是路径，所以这首诗很流行，很励志。这种现象表面上看是学习，实际讲的就是写作。考试怎么考？归根结底就是写。旧时考八股文，没有写作能力，像点样子的八股文是写不出来的，所以“考学”最终归因到“考写”。很多优秀的读书人因为文章写得好而被皇帝直接甄选进官署，职务也安排得很高，比如翰林编修之类的官。

待“则仕”之后，写作能力更是其进一步晋升的重要因素。过去各种条件很差，“山高皇帝远”，上级要了解下级官员很不容易，暗访可以略知政声，但毕竟不是常态，只能从官员定期奉呈的奏折来掌握情况、认知官员、决定任用。这么一来，写奏折成为一个重要的汇报请示方式与联络升迁渠道。所以，封建官吏都很重视这一点，有些大官不惜高薪聘请“师爷”，供养幕僚。几千年来，流行着许许多多写作奏折的生动故事。曾国藩的“奏议乃人臣最紧要之事”一句警醒了很多为官之人，特别是将“屡战屡败”改为“屡败屡战”从而挽救了其政治生命的事例更是为后人所津津乐道，奉为范例。许多能文善写的人被誉为“刀笔吏”。古代官员待“完仕”之后，喜欢把自己的奏折、诗词之类的文章结为集子，留传后世。

2. 专业无以数计，都需要写作能力。如果以高等学校开设的专业来看，有数百个之多。这些专业对能力的要求自然不一样，有的强调动手能力，有的强调思考能力，有的强调表达能力，有的强调表演能力。但有个共同点，都强调写作能力。

为什么？因为写作能力具有穿透性、公共性、普遍性。可以说，没有一个专业不需要写作。写不出或写不好毕业论文，要想获得学士、硕士、博士文凭那是不可以的；工作之后，没有一定数量及水平的科研论文，要想定职称那是不可能的。层次越高的科研人员，写作能力要求就越强。试问当今院士，没有专著的有几人？很多院士著作等身，不少科学院和工程院院士在国学领域有很深的造诣，是写作高手，写出了许多脍炙人口的名篇佳作，留下了传播后世的经典名著。

3. 我们党历来重视“秀才”培养。中国共产党是一个白手起家的党，虽然建党的发起人都是知识分子和写作高手，但因为党的性质是无产阶级政党，党的主要成分是工人、农民，因而在党的干部结构中，“秀才”最少。毛泽东主席在1938年10月做《中国共产党在民族战争中的地位》报告时就说过：“如果我们党有一百个至二百个系统地而不是零碎地、实际地而不是空洞地学会了马克思列宁主义的同志，就会大大地提高我们党的战斗力量，并加速我们战胜日本帝国主义的工作。”足见中央对理论学习是何等重视，对理论干部培养是何等紧迫。延安时期，陈伯达、胡乔木等一大批干部正是因为突出的写作能力而被选拔到毛泽东主席的秘书岗位的，他们为主席做了相当长时间的文字服务工作，为党起草了大量的重要文件。

新中国成立后，很多写作人才被发现使用。20世纪50年代，中央还专门发出文件，要求各级各部门重视“秀才”培养。许许多多“红秀才”在我党历史中发挥了重大的作用，成为党史上不可或缺的重要人物。许多红色文件体现了几代中央领导集体的治党治国智慧而成为影响深远的历史文献。

4. 写作始终是交流沟通的重要方式。现在电视、网络、报刊、手机等媒体形式很多，交流的手段方式不断出新，这些载体所开发出来的声电光影固然提增了沟通效果，但依然离不开语言文字。流行甚快的网络小说，除了发表的较宽松的自由性外，不依然是文字创作吗？既然归根结底的表达方式是文字，写作能力就还是一样重要，甚至于，为在发表空间更加广阔的网络上有点击量，写作能力的要求更高了。

二、用笔来领导

领导方式有多少种？大的分类恐怕不过三种：战争和革命式的，用枪杆子；宣传鼓动式的，用集会演讲；思想引领式的，用笔写文章。而且，前两者也离不开笔的支撑。

1. 我们党建立新中国靠的是“两杆子”。在“三大战役”前的中国共产党发展过程中，我们共产党的枪杆子是比不过国民党的庞大精良武器的。这表明，枪杆子还不是最终决定一个党和一个国家历史命运的根本。

讲到中国共产党取胜的“秘诀”，无疑是正确的宗旨和为民的本质，这是我们党从胜利走向胜利的初心使命。试想，如果不是简明易懂的“打倒土豪劣绅，分田分地到户”此类的口号，焉能迅速动员起手无寸铁、目不识丁的劳苦大众？在整个革命过程中，我们党广泛地宣传主张，深入地改造思想，持续地发动民众，使广大人民群众相信党、依靠党、支持党，最终夺取了全国胜利，这和发挥好笔杆子的作用是密不可分的。

从更广范围和更长历史阶段看，笔杆子的作用也是巨大的。五四运动在我国的思想史、发展史上都有着划时代的意义，讲方式其实就是一场“笔战”。第二次世界大战的胜利结束，关键自然是正义和平的力量，是兵力和部署的抗衡与战斗，但隐藏在其后的宣传战惊心动魄，作用巨大。

2. **文电在工作中的作用**。治国理政在一定意义上讲是“文治”。翻开《毛泽东选集》一至五卷，共227篇入选文章，165篇是公文，足见文电在治党治国中的重要作用。当年，延安作为党中央所在地，与外界的联系主要靠文电。20世纪40年代，毛泽东主席和其他中央领导同志在西柏坡指挥林彪打锦州，往来电报之多，创了我党历史纪录。即便信息传输手段如此丰富的今天，驻外使馆与国内的联系依然主要靠文电。党和国家领导人做外事决策时，也只能依据各国使馆传回的文电做出重大判断。可以说，文电质量决定着决策成败，决定着事业成败。

3. **文字领导成为重要的领导工作方式**。我们党有一个非常好的传统，就是中央主要领导牵头搞文件。毛泽东、刘少奇、周恩来等一大批领导人这方面的记述和故事很多。1981年，中共中央发出了《关于各级领导干部要亲自动手起草重要文件，不要一切由秘书代劳的指示》。这个做法得到了很好的传承。现在的每一次党代会报告和全会报告，总书记都亲自抓。重要的中央文件大都经过了主要领导及班子成员的反复审改才提交会议讨论通过。至于各级领导的讲话稿，领导人亲自组织已成常态。很多领导同志对文稿格外重视，自始至终都参加文稿写作。富有经验的领导都有体会，注意通过文字方式来指导工作、总结经验是干好工作的重要方式。这类领导往往水平能力高，进步提拔快。

在实际工作中，一个干部与写材料密不可分。一个干部一年要写多少材料？工作的几十年要写多少材料？数量无法统计。正因如此，才显其多。但是，现在还有一种不好的现象，干得好不如写得好。很多领导通过看材料了解情况，认识干部，虽然现象不好，却是客观存在。社会上流行的“工作不够，材料来凑”“干得好不如写得好”“不会写报告，怎在职场混？”这些说法就是这种现象的表现，既要反对，也要反思。

4. **文风成为建党以来重大的思想和作风问题**。延安整风是我党历史上著名的一次思想改造运动。整什么风？重要的一个内容是整文风，即反对党八股。在那么紧张而残酷的战争年代专门开展这项运动，这是何等的气魄与韬略，同时也表明这个问题是何等的严重与紧迫。为什么如此地重视文风建设？因为文风就是工作作风的表现。有什么样的工作作风就有什么样的文风。在新的历史时期，“假、大、空”的文风又渐成热点，群众对此十分反感，全党正合力攻之。

5. 重视虚功与科学决策。党和政府重视虚功的体现就是几乎各级各部门都设有办公室、政策研究室、发展研究中心之类的专门机构。当前，决策咨询机构正进入快速发展阶段。高明的领导人都十分重视智库机构的建设及作用发挥。相当多的地方规定在做决策时，没有研究部门审核不上会，没有专家意见不决策。这些都证明了重视“写”在工作中的独特价值。共产党的领袖人物都很重视“写”，列宁、斯大林、毛泽东、刘少奇、周恩来莫不如此。许多党和国家领导人对文稿重视的程度超出一般。全国政协前主席李瑞环，学历不高，但他十分重视文稿写作，把这项工作当作工作的重要组成部分，亲自组织文稿的写作。他每年在政协会议上发表讲话成为人们翘首以待的事情，每一次讲话所产生的影响都十分强烈。

三、学会拿笔杆

高层管决策，基层抓执行。可以这样下结论，职位越高，需要的写作能力也就越强。从要求看，高层领导比基层干部所具有的写作能力要求高。从数量和比例的角度看，能拿笔杆子的干部，现在比过去多。由于长时期以来对写作训练重视不够、写作能力普遍不高，因此文风不正、“文难懂”的问题，也远比过去突出和严重。如何使每一个干部都学会拿笔杆？从以下几个方面努力是必要的。

1. 重在做人。文如其人，这句话把为人和为文的关系说得很透彻。现实生活中，我们可以看到，朴实的人求真务实，严谨的人喜欢简洁，活跃的人富有激情，敏感的人讲究细节。作风踏实、干事认真的人就不会写出弄虚作假的文章，而敷衍塞责、漂浮摆谱的人就很容易写出华丽失实的文章。作文与做人就是如此地紧密相连。因此，只有把人做好，才能把事做对，把文做实。

2. 熟悉生活。生活感悟对作文很重要。生活积累多，写出的文章内容就充实；生活接触面广，群众语言就丰富。很多文件操作性差，这和作者对基层情况、底层生活了解不够直接相关。为什么一些传记写的人物生活，我们一看就知道假？原因是这些传记虚构生活。比如，有些书把康生和江青通电话的内容写得很逼真，像一份通话录音记录稿，稍有政治和生活常识的人一看就知道那是假的，因为这种层级人物的通话很难被窃听，一问一答的通话内容纯属编造。

文字是生活的直接反映。有专家拿“女人没有了男人就恐慌了”这句话给男人和女人加标点，加出来的结果，男人和女人明显不同，男的标“女人没有了男人，就恐慌了”，女的标“女人没有了，男人就恐慌了”。这些情况的出现，就说明生活的经验、认识和感悟直接影响着作文。值得重视的倒是，现在社会上有一种“情绪化”倾向，看问题、发议论都不注重理性分析，盲目跟风，只凭感觉宣泄情绪，这就必然会影响文风，给社会带来新的危害。

3. 厚养思想。思想性永远是作文的第一要义。政策性公文所体现出来的执政理念与处事原则，一般都是党和国家对某一方面工作指导思想和总体要求的具体体现。制定政策的难度不是文字组织，而是原则的确定、重点的确定、要求的确定。很多公文找不到“魂”，仅仅是材料的堆积，仅仅是具体要求的罗列，没有思想内涵，没有明确指导的思想，没有综合提升的观点，也没有经得起事实和逻辑验证的鲜明观点。比如，提出“打造历史文化”这个概念，似乎很有思想了，其实是不合逻辑的，历史文化早已存在，而不是“打造”才有的，如果历史上没有也“打造”不出来。一般而言，思考能力强、思想有深度的人在作文时就旗帜鲜明、观点清晰、要求明确。思想不深刻的人绝对写不出有深刻思想的文章。

4. 借鉴艺术。一篇好文章就是一件好的艺术品。文章所体现出的气质、个性、文采、品相等风格性因素卓尔不群，所散发出的语感、节奏、情绪、旋律等美感性元素与众不同。这样的文章就能给人带来美的享受。能写出美的文章与作者的艺术修养是直接相关的。“文似看山不喜平”，好的文章有高峰，也有平原，有大江大河的一泻千里，也有小溪小潭的潺潺流水，既体现在谋篇布局的开头、结尾、过渡、照应、连接、转折的摆布中，也体现在用词遣句的严谨、准确、简洁、抒情、质朴、华丽的特色里。正因如此，文章的质感、语感、音感才不一样，才能产生较强的感染力、号召力和公信力。

5. 勤奋读书。作文总要有点学问。学问大多从读书中来。目前，倡导读书学习成为一种时尚，读书成为一种责任，各级领导率先垂范；读书成为一种追求，干部群众踊跃参与；读书成为一种自觉，童叟男女皆成习惯。应该说，人们现在对读书的重要性、必要性的认识普遍高过以往。

把世界上所有的书读完既不可能也没有必要。在我看来，一个人学养如何，不是比读书的数量多，而是比读书的质量高。自古以来有“学海无涯而人生有涯”的识见，以有限的生命去追求无限的知识，那是永远追求不完的。现代社会，出版印刷条件越来越便利，书的海洋远比过去大几千上万倍，即便是每年评选出的好书要读完也不容易。每一个人都应该选准方向去读最有传承性、最有代表性、最有针对性的书。

欣赏公文之美

公文美不美，似乎是一个仁者见仁、智者见智的问题。当我们读完毛泽东的《中国共产党第八次全国代表大会开幕词》、郭沫若的《科学的春天》以及古今中外的公文名篇之后，不得不承认公文真的很美！

公文美在何处？怎样去品味和欣赏呢？

一、美在有形

一个人有形有款，主要是“零件”齐全完好，搭配协调美观。结构与外观是公文的骨架和外在特征，即“形”。公文的规定很严格，“形”的要求很高，可以说，在所有文体中，公文的要求是最多的。为什么公文会有“官样文章”之说？从贬义来讲，是指公文代表官方，结构类同，没有新意。从褒义上讲就不同了，这是公文在结构、语气上给读者的一种“定型化”认识。在写公文时若能把“官气”写出来，给人一种有形有款的印象，这是一种功夫。人们读多了“官样文章”，就积累下了公文“形”美的特征。不这样，读者会认为这不是公文，感觉不出特有的仪态，体会不出应有的威严，领会不到特具的内涵。许多公文结构失衡，层次混乱，轻重悬殊，甚至缺“鼻子”少“眼睛”，给人松散、杂乱的感觉，哪还有什么结构美？哪还有什么表现力？哪还有什么好形象？所以公文写作要重视谋篇布局，开承起合完整，格式要素齐全，词句响亮明确。

二、美在真实

公文的真实性是最强的，它要求一切从实际出发，不唯书，不唯上，不唯势。公文源于实践又必须面对实践。不管社会发展多么迅速，矛盾问题多么复杂，公文都要面对现实，通过分析和研究实实在在的情况来提出对策，明确要求，推进工作。不基于这个起点，公文必然会空话连篇，诚意尽失，公文的针对性、指导性、操作性就无从谈起，这样的公文可想而知是不受欢迎的，更谈不上什么美。事实是最亲切和生动的，也是最公平和无私的。如果公文的材料是经过深入实际调查研究而来，既真实又典型，既具体又生动，特别是对一些现实问题能从理论和实践相结合的角度讲清楚，那就不仅仅是“胜于雄辩”，还能使读者从大量事实中认识事物的本质，感受真理的力量，激发工作的信心，体现思想的活力。

三、美在讲理

公文既要说事，又要讲理，是一种介于说明文、政论文之间的专用文体，主要靠特有的结构、逻辑、材料，通过说明、论证、叙述等方式来展现魅力。公文在方向和原则上，坚持什么，反对什么，主张什么，废除什么，旗帜鲜明，清清楚楚，明明白白，不拐弯抹角，不模棱两可；在空间和时间上，维系上下一致，左右衔接，前后一体，表现整体之美；在表述和论证上，尊重事实，分析问题，讲清道理，提出对策，体现缜密严谨之美；在思想和政策上，强调持续性、连贯性和针对性，统一认识，勇于探索，敢于面对，从更深的层次、更新的角度提出解决问题的对策、措施，体现深刻和生动之美。总的来说，以事论理，以理服人，以人为本，是公文的一种内在美、理性美。

四、美在文采

文采是什么？文风、风格都不能完全反映出其内涵，它是内容和形式的统一，哲理和事实的统一，思想和风格的统一。文采不是一种点缀，而是一种要求。没有文采的公文必然会拒人于千里之外，使人读来索然无味，产生不了吸引人的魅力，导致事倍功半甚至事与愿违的后果。深入浅出是文采表现的基本风格，从大局和整体角度把握问题，用质朴、平易的语言进行阐述，在分析问题和解决问题上下功夫，把复杂变简单，化深奥为浅识，变晦涩为畅达，不铺陈辞藻，不故作高深，使用规范化、大众化、通俗化的语言，贴近生活，贴近现实，贴近群众，“寓绚丽于平淡”。这是一种白描式的简洁美。

五、美在出新

新，也是公文美的重要表现。在认识和改造世界的过程中，人们总是会面对许多未知未有未觉的东西，常常面临着新的考验。代表时代特征的公文要体现出与时俱进的精神，面对新时代，融入新知识，升华新认识，体现新思想，写作者不仅要重视上级的意图、领导的思想，还要重视亲身观察，独到发现。不是每篇每句都重复别人的话，不是机械地按照既定模式一成不变地装材料填例子，不是一味地按照习惯的“传统笔法”写下去，套话、老话、空话连篇，而是不断提出解决问题的新办法，采用适应形势变化的新观点、新材料、新语言，使之通篇体现出一种探索的勇气、深刻的思考、前瞻的分析和精彩的描绘。这是一种赏心悦目、激情洋溢的创新美。

公文美的表现还有许多方面，最重要的还是写作者能否充满责任和激情。如果写作者在写作时没有将公文作为解决问题、面对挑战的重要环节，没有将公文视为总结经验、指导实践的迫切需要，没有将公文看作服务群众、推动发展的重要方式，就很难写好。激情满怀、愿望强烈、思想深刻、内容丰富、材料生动、逻辑严密、文字优美，就可以在行文中创造出一种气势和语境，体现出一种力量和精神，展示出一种风采和个性，从而直面现实，催人奋进，解疑释惑，推动发展，造福人民，传载于史。

博学·多思·苦练

一篇公文，如果在内容上完整地体现党和国家的方针政策，如实地反映工作情况和业务活动，有针对性地提出问题分析问题解决问题，在文字上用词准确，叙事清楚，合乎逻辑，就容易被受文者理解和执行，就能推动各项工作的开展，就是好的公文。

写出好的公文，有什么奥秘？奥秘是没有的，不外乎在博学、多思、苦练上下功夫。

一、博学

在新的时代，加强学习具有特殊重要意义。中国特色社会主义伟大事业迈进关键的发展时期，取得了举世瞩目的历史性成就，但就实现中华民族伟大复兴中国梦而言还任重道远。在前进的道路上，有许多困难和问题需要我们去破解，有许多挑战和风险需要我们去面对，有许多领域和方面对我们来说知之不多、知之不深，甚至处在自然王国状态。更应清楚地看到，我们是在一个充满机遇充满挑战的国际大背景下从事中国特色社会主义建设的。经济全球化深入发展、科学技术日新月异、知识创新突飞猛进、各种思想文化相互激荡、综合国力竞争空前激烈，这些都对我们的学习提出了更全面、更系统、更深入的要求。如果我们不能通过加强学习和实践创新提高自己，就有可能落后于时代，经受不起现实严峻的考验。公文写作者必须正确地分析和把握形势，不断增强学习的自觉性，加强理论武装，拓展知识领域，并善于把学到的科学理论与先进知识应用于实际工作中。公文写作者处在改革开放和现代化建设时期的关键岗位上，对各种知识学得多一点少一点，深一点浅一点，都对做好工作与否有着重要的影响。

学习，首先要注重对理论知识的学习。实践证明，只有用正确的理论武装起来的人，才会有高昂的生活热情、求实的工作作风、客观的科学态度和较高的分析能力。具有较高的理论修养，可以使人观察事物敏锐、分析问题深刻、判断问题准确、处理问题得当。

公文写作者陪伴在领导左右，又介于领导和群众之间，会碰到大量的新事、急事和难事，这就要求观察问题比别人更敏捷、更准确，要善于从偶然的现象中觉察到必然的规律，从端倪初露中把握住事物的本质。没有较强的理论思维能力，复杂情况下就不能多谋善断，思考问题就没有深刻性和创造性，对工作的促进和矛盾的解决就无益处。

提高理论修养最重要的是学好领袖著作。马克思列宁主义、毛泽东思想、邓小平理论、“三个代表”重要思想、科学发展观、习近平新时代中国特色社会主义思想是科学的世界观和方法论，是我们时代精神的精华，是我们党行动的指南，是我们党和国家制定路线方针政策的理论基础，是推动科学发展、实现中华民族伟大复兴的重要指针。公文作者必须全面系统和深入地学习，才能够学到本质，用在实处，提升能力。

写作公文，仅仅懂理论知识还不行，还要对各方面的知识都有所了解、有所掌握才行，而且懂得越多越好。公文写作是一个知识和技能综合运用、全面发挥的工作，这就要求公文写作者是通才、杂家。通和杂是知识拓展的结果。通而成才，杂而成家，包含着博中有深的哲理。就整个知识构成讲，要通晓多种学科，就某一学科来说，既要精通它的主体部分，又要尽可能了解与它相联系以至相对立的部分。当今社会知识纷繁复杂、浩如烟海，古今中外、天文地理、文史哲、数理化、农工商等知识即便不能融会贯通，也要有所了解，这样，思维畅、文路顺，写起公文来才得心应手。知识掌握多了，心中就有数，就不至于说外行话，写出的公文才会切合事理、指导工作，才能推动发展、不辱使命。

学习公文写作还应该多看一些已有定评的优秀的公文作品。当代的、古代的，中国的、外国的，都要看。一篇成功的公文，包含着一个人甚至多人的经验，通过看可以知道公文应该这样写，而不是那样写。

多看，不仅仅限于看名家之作，也要把自己写过的公文经常拿出来看看。看的目的是进行总结，从中找出自己存在的问题，并查找出原因，明确今后写公文应该注意克服什么，这个过程就是提高写作公文水平的过程。如果把自己写过的公文扔在一边，总是不去看，哪篇写得好、哪篇写得差，一概不去琢磨、不去总结，这样，写作水平就不会获得很快提高。许多公文写作者的经验证明，经常把自己写过的公文拿来看，不断地总结经验教训，可以促进写作能力的较快提高。

二、多思

学习历来有水平和层次的差别，或者说存在着数量与质量的问题。有些人学习看文只看标题，一目十行；有些人只是照本宣科，不入脑不入心；有些人甚至认为工作多、时间紧，对文件了解个大概就行了；还有些人也读书，也写体会文章，但就是不把功夫下在掌握科学理论的精神实质和科学体系上，就是不解决思想深处的实质性问题，就是不把理论成果运用到实际工作中去。这种学习，虽然也在学，却是形式上的学，并没有达到学习的应有目的，充其量只算是低水平的学习。高水平的学习，则是认认真真地学习，不仅要学基本的知识，更重要的是经常深入地思考。可以说，多思是成就事业、提升自我的基本功夫。

多思，就是要注重调查研究。公文是要贯彻党和国家的路线、方针、政策的。要贯彻，就不是机械照搬，而是需要结合本地区本部门本单位的情况抓落实。如果只是对上级政策照本宣科，还需要行文吗？从公文的具体写作过程看，如果公文写作者不了解实际生活的真相，就会写出不合实际甚至违背实际情况的公文，所以了解实际生活情况，做好调查研究工作很重要。

秘书部门职能多、运转快、事情杂，调研任务贯穿日常工作，需要经常放在心里，摆到案头，抓在手上。有些秘书部门内部专设调研科处室，但也不能只是依靠那么几个人，还得需要专职和其他工作人员一起上，零星时间和阶段性时间均做安排，才能按时完成任务，抓出预期效果。

秘书部门的调研工作任务涉及众多领域和方方面面，特别是专业性较强的课题调研，单靠秘书部门的力量是很难独立完成的，必须依靠专业部门、科研院所和基层单位的力量共同合作。秘书部门起牵头抓总、统筹协调的作用，从而形成上下齐抓、左右协同的调研格局。

多思，就是要把学习理论与总结经验结合起来。经常坐下来系统地反思自己的工作实践，用理论知识来对照检验，在理论与实践的相互观照中，自然会有几多感慨、几多思索、几多清醒。这是一个公文写作者不断升华理性能力、不断提高综合素质的重要功夫和环节。这种思想境界的升华，这种可贵的人生体验，不仅使学习有了生气，也会给人生添加色彩。有些同志整天忙忙碌碌、浑浑噩噩，“书报沾沾边，文件翻翻新”，参加会议、学习也是心不在焉、不动脑筋、不求甚解。肚子里没有多少“货色”，怎能写出好的公文？

多思，就是要把功夫下在钻研公文上。公文，凝结着成功与探索的经验，饱含了党和人民的智慧，集中了源于实践、立足现实、预见未来的理性思维的成果。其中的精神实质、指导意义，只有沉下心来、勤读苦研，才能全面理解、准确把握，才能融会贯通、学以致用。有的公文内容所体现出的新的指导思想，是容易觉察、容易明白的，有的就不易察觉、不易学会；有的公文的新内容，看时也许觉得明白了，实际写作和执行起来时，才发现没有弄明白。所以，公文写作者只有切实重视、多下功夫，把公文吃深吃透，多思多想，才能全面、正确地理解与贯彻党和国家的各项方针政策，防止认识上和工作中的盲目性、片面性及绝对化。古人说“袖手于前，才能疾书于后”，说的就是这个道理。然而，在实际工作中，很多公文写作者却不注重对公文的学习和研究，或视而不见，束之高阁，或浅尝辄止，应付了事，结果写出来的公文把上级的经给念歪了，在贯彻执行中自然会走形变调。

只有在掌握实情的基础上，深入领会上级精神、深入钻研公文要旨，经历一个咀嚼和消化的过程，才有可能写出好的公文。

三、苦练

鲁迅曾经说过：“文章应该怎样做，我说不出来，因为自己的作文，是由于多看和练习，此外并无心得或方法的。”（吴子敏、徐迺翔、马良春编《鲁迅论文学与艺术》下册，人民文学出版社，1980，第873页）。老舍深有感慨地说过：“字纸篓子是我的密友，常往它里面扔弃废稿，一定会有成功的那一天。”（《老舍的话剧艺术》，文化艺术出版社，1982，第207页）。一个公文写作者，如果只知道一些空泛的理论和文章写作知识，不经过自己的实际操作，是写不好公文的。长此以往，写作水平是无法提高的。

成功人士的经验证明，苦练是一切技艺进入佳境的必由之路。

苦练，需要有锲而不舍、持之以恒的精神。公文写作这门学问博大精深，要想升堂入室，必须不断地学习、必须坚持不懈地奋斗进取。公文写作水平的提高，如同登山一样，从一个高度进入另一个高度，越向上，遇到的困难越大，需要付出的代价越大，也就越需要有恒心。只有经过长期不断地练习，才能够通晓公文写作的规律，驾轻就熟、富于创造性。因此，公文写作者要培养自己的实践精神，多写多练，用心琢磨，摸到门径，积累经验，不断提高，不断创新，写出优秀的公文。

苦练，还需要有任劳任怨、埋头苦干的精神。打开中华民族五千年文明史，在那文明与辉煌的背后，站立着无数为追求文明与进步而埋头苦干的中华儿女，是他们创造出可歌可泣的业绩，推动了历史车轮的前进。任劳任怨、埋头苦干的精神，已经成为中华民族宝贵的精神财富，是成就一切事业所必须具备的基本态度和根本方法。一个人也好，一个民族和国家也罢，要想取得进步、获得发展只有依靠扎扎实实的工作、坚持不懈的努力，耽于幻想不行，投机取巧不行，浅尝辄止也不行。公文写作不是纯粹的游戏，也不是主观想象的创作，而是一个实事求是、讲求科学的创造过程，容不得任何华而不实的浮躁、形式主义的虚招。当然，任劳任怨、埋头苦干具有丰富的科学内涵，它既是大干苦干的精神状态，也包含会干善干的科学方法。因此，在写作公文时，我们提倡不仅要有任劳任怨、埋头苦干的热情与执着，还要有敢于和善于创新探索的科学精神。

“行行有门道，行行出状元。”公文写作者只有掌握过硬的基本技能，打牢理论基础，多学几门相关知识，锤炼自己的写作能力，注重深入调查研究，善于借鉴理论、借鉴历史、借鉴他人，才能够胜任工作、干出成效、不负众望。

写作前需明确的问题

公文写作问题很复杂，这里面既有基本要求又有艺术追求的问题，既有狭义又有广义的问题，既有个性又有共性的问题。在写作前，除了解其特征之外，如下几点是应该弄明白的。

一、注重写作思考

在写作公文时往往有这样一种现象：写作者一接到领导布置的写作任务，就马上动笔，不注重写作前的思考准备。这么做，效果并不好。正如老舍指出的："要想，多想，字字想，句句想。想过了，便有了选择；经过选择，才能恰当。"（老舍《出口成章——论文学语言及其他》，舒济编，辽宁人民出版社，2011，第67—68页）。所以，应该在准备工作上多花点心思。写之前好好想一想，理一理思路。他还说："文章不是信口开河，随便瞎扯，而是事先想好，要说什么，无须说什么，什么多说点，什么一语带过……不说那可有可无的。"（老舍《出口成章——论文学语言及其他》，舒济编，辽宁人民出版社，2011，第68页）写作前想清楚很重要。比如，对相关公文就要下一番思考功夫。不是看看有关公文就行了，而是要深入细致地研究，不但要知其然，还要知其所以然。要了解政策出台的背景和针对的问题，要学习和领会各种政策的精神与实质，包括从理论上、实践上理解政策的重要意义，各个时期某项政策发生的过程和社会效果，当前某项政策有什么新的变化，这项政策和其他政策的关系。要学会分清政策的是非界限。政策条文，很多是一种原则，由于各地情况不同，需要因地制宜地贯彻。这样，在很多情况下就会出现政策界限问题。写作者要注意区分公文中哪些是可以变通的，哪些是必须执行的，哪些是可以结合实际执行的；哪些是可以吸收的，哪些是不必吸收的；哪些是在本地区没有指导意义的，哪些是超越或落后于本地区实际的。同时，要注重对公文的理解和把握。有些公文因为各人的理解不同，很可能会出现不同的结果，要仔细审视对公文的理解是否正确、是否与中央和上级党委、政府保持一致。只有在写作前多多思考，反复比较，拿定主意，写起公文来才胸有成竹，得心应手。

二、端正写作态度

伟大的事业需要崇高的精神，崇高的精神支撑和推动着伟大的事业。当前中国式现代化奋进之路正处于历史发展的新阶段，国内外环境异常复杂，挑战与机遇时常交织，各种利益之间的调整与磨合非常突出，新情况、新问题和新矛盾层出不穷。所有这些都表明，在这种关键时刻，强调精神状态尤其重要，这是做好一切工作的关键。从现实生活中我们可以感受到，精神状态好的人，方向明确，方法对头，干劲十足，充满活力，能够使事业顺利进展，即使面对艰难险阻，也敢于碰硬，知难而进，从而往往化险为夷，“柳暗花明又一村”。精神状态差的人，迷失方向，胸无大志，精神颓废，无所事事，“做一天和尚撞一天钟”，如果遇到困难，则牢骚满腹，唉声叹气，裹足不前，甚至自暴自弃。写作公文也是如此。要是抱着无所谓的态度，或者抱着轻视麻木的态度，稿子也许能写出来，但稿子的质量不会有保证。要是抱着一种积极的态度，觉得这是领导的信任、工作的职责、学习的机会，就有信心、有决心、有恒心做好，稿子可以说成功了一半。有了积极的态度，即使水平低一点也可以弥补，可以通过夜以继日地加班加点，通过和同事的共同努力，通过领导的帮助点拨，把工作做好。因此，要始终以良好的精神状态做好每一件事。松松垮垮，不严格要求自己，这种精神状态是做不好工作、干不出事业的。

三、明确写作对象

射箭要看靶子，弹琴要看听众，写文章要看对象。“共产党员如果真想做宣传，就要看对象，就要想一想自己的文章、演说、谈话、写字是给什么人看的、给什么人听的，否则就等于下决心不要人看，不要人听。”这是毛泽东主席的谆谆教导。经验告诉我们，讲话也好，写文章也罢，要是对象不明，就会影响效果，甚至会闹出笑话。对象明了就容易收到好效果。有一个例子很有说服力。中国人到国外讲学，喜欢说一些客气话："这个问题我研究得不透，讲一点我个人的意见，也可能不对。"我们中国人听了这些客气话就觉得这个人很谦虚，很有学问，而外国人思维方式不同，他们听了则认为奇怪，你自己都研究不透，很可能还是错误的，那你拿来讲干什么？你不是糊弄我们吗？因为没有认清对象，结果收到的是另一种效果。写作公文也是一样，应区别不同文种的要求，弄清写作的目的，想一想为什么写这篇文稿，是写给谁看的，是写给上级的，还是写给下级的？是写给政工部门的，还是写给业务部门的？写讲话稿就要了解清楚讲给什么人听，是在什么场合讲，是什么性质的会议，会议规模的大小，是指导工作的还是提出建议的。总之，搞清楚了"对谁说""说什么""在哪说""怎么说"这些问题，文章就好做了。

四、抓准写作时机

"言当其时，一字千金；言背其时，一文不值。"公文是为领导决策服务的，如果能够较好地抓住和抓准时机，及时地为领导提供决策依据，使许多问题及时得到解决，就会事半功倍，否则就会事倍功半，甚至由于丧失时机，使许多问题久拖不决，增加解决问题的难度。因此，公文写作者对于领导和广大群众在一段时间里比较关心的热点、难点和焦点问题，就要及时调查、认真研究，尽快拿出解决的方案、拿出比较好的决策依据，才能充分地发挥参谋和助手的作用。公文写作者不要满足于写成一篇文章或发表一篇文章，写作的最终目的是使文中所提意见进入领导决策系统，变成解决现实问题的推动力量。它和一般的学术研究不同，它只有进入决策系统，才能够推动工作的开展、解决具体的问题，写作公文的价值也才能得以体现。这种价值体现要靠抓问题、抓时机，要是抓住了，得到领导的重视，促进了工作，价值就得到体现。要是没有抓住，事情发生了，甚至领导和群众关心的热点、焦点转移了，才组织几个人慢悠悠地调查研究，拿出一篇稿子，提出几条建议，即使文稿写得再全面、再深刻、再有针对性，领导也顾及不到那么多了，因为新的矛盾已经出现，领导的视线已经转移，这些问题已经往后推了，这样滞后的公文就没有多大作用和价值了。所以，一定要抓住领导关注的问题，在一些关键问题上、大局问题上、焦点问题上及时开展调研，不失时机地拿出意见建议来，多下“及时雨”，不放“马后炮”，充分展示公文写作者的才华，充分发挥秘书部门的作用。当然，这样说，并不是主张什么事都急功近利，不去做一些长远的事情，而是说在事关大局的关键问题上，必须及时反映、及时调查、及时研究、及时成文，而不要错失良机。

五、提高写作修养

公文写得好坏，对于保证公文的质量和发挥公文的作用有很大的关系。一份公文，在内容上能够完整体现党和国家的路线、方针、政策，如实地反映工作情况和业务活动，有针对性地提出问题、分析问题、解决问题，在文字上用词准确、叙事清楚、合乎逻辑，这样的公文就易于为读者所理解和执行，能够推动各项工作的开展。能写出这样的公文，需要的是辞章知识的积累，如果文章学、文字学、修辞学和逻辑学的知识修养不足，下笔就难以达意、难以卒读、难以奏效。但是要看到，辞章修养不是单纯的文笔技巧问题，而是多方面修养的综合表现。这其中，具备较高的政治理论素质是基础。公文写作者政治理论素质的高低对于理解执行党和国家的路线、方针、政策，对于正确地认识客观世界和主观世界，对于判断工作和生活中的是非曲直有着重要的影响，它会直接影响着公文的观点对错和价值判断。可以这么说，如果公文写作者的政治理论修养高，写出的公文就旗帜鲜明、观点正确、内容充实、对策科学。当然，写公文光“讲政治”是不够的，光“有理论”是不够的，光“懂政策”也是不够的，还要“接地气”，还要“知真情”，还要“擅辞章”。

一句话，实践出真知，功夫在诗外。

前无古人·心无圣人·旁无他人

一个写作者的心理感受、人生追求、创作激情等精神状态对写作潜在能力的发挥和作品质量的提高有着关键作用。那么，如何达到最佳创作状态写出精品大作？进入前无古人、心无圣人、旁无他人境界是也。

前无古人

历史典籍浩如烟海，无论哪一学科、哪个题材，只要稍加搜罗，都是汗牛充栋。所谓“天下文章一大抄”的另一个含义，就是后人之作很难超越前人作品，写来写去都在前人的“圈子”里，都有“抄”的痕迹和印象。这种情状，既道出了前人著作的丰富，也指出了写作难以创新的现实。如果陷于这种氛围和止于这种状态，就不可能产生时代巨作，文化的传承就会出现历史的波谷。这当然不是我们所处的这个伟大时代应该具有的写作态度和目标追求。

态度决定高度。只有拥有前无古人的雄心壮志、开宗立派的雄才大略，充满自信，充满激情，才能写出划时代的历史性作品。这就要求写作者面向新时代，触及新问题，叙述新见解。每一次写作都要考虑前人写过没有，前人是如何写的，前人的不足在哪里，要努力在选题上另辟蹊径，作品才会别有洞天，实现“零突破”。即便是前人已有先作，也要增强超越意识、跨界意识、个性意识，务求有突破、有发展、有亮点；即便是同题作品，也要有新见、远见、高见，使读者能读出见所未见、想所未想，从而竖起历史新标杆。

心无圣人

“套路”写作的一大现象就是领袖语录、名人警句“开路”，文章不过是一段又一段的伟人圣言的注释、体会。

领袖语录励志鼓劲，名人警句深刻感人，真理性较强，普及性较广，适当引用、以资佐证固然能增强说服力、影响力，但如果写作仅仅是在这些圣言中打转转，或只是停留在其简单阐述的层面，那不过是一种宣传，而非创作。

历史是一代又一代人接续创造的。圣人、伟人、名人都有他们看问题干事业的眼光视野、状态方式和历史局限，都有其生活阅历、客观环境和历史时代的时空局限，都会被后人超越。经典著作越来越多就是事实。如果后者没有超越，中国有《论语》《老子》《易经》，有唐诗、宋词、元曲就够了，一代又一代人手捧这些经典面对新时代新问题新形势新挑战按图索骥，岂不省事！

前人的巨作既令人们心生敬仰，也可能成为人类前进的栅栏。心无圣人，不是指不学习、不请教、不接受批评、不承续传统，而是要忘掉一切，增强自觉，勇于开创新局，敢于引领新风，善于走出新路，努力开出时代之花，结出个性之果，写出标志之作。

旁无他人

写作是一种个体性劳动，但人是环境的产物，时代因素对人的影响十分巨大。因而，选题很容易重复，做到知己知彼很重要，只要他人所想到的、能想到的都应尽量避免。即便选题相同，也要争取角度不同、思维不同、落点不同、方向不同，在选材、语言、风格上有自己的追求。特定的条件环境必然会形成时尚观点、时代风气、时髦追求，写作不可能不受到影响，这就要跳出时代，站在历史的高度和时代的跨度上思考命题，找到跨越点、创新点、结合点。

写作受到干扰是出不了精品的。通观有史以来的文化历程，哪一个文化精品不是超越了历史条件而创造出来的？哪一部作品不是挣脱了历史枷锁而突破开来的？写作的过程可以引导，写作的方向可以指导，写作的态度可以开导，而只有心灵的坚守、个性的坚持、方向的坚定，才有可能写出百年大作。

旁无他人不是说“眼中无人”，这里只是强调保持人格独立，保持心性宁静。写作需要吸取大家智慧、争取他人支持。

“板凳要坐十年冷，文章不写一句空”，这是做学问的真谛。“宁静致远，守真抱朴”，这是生活的哲理。“干在状态，活在心态”，这是成就事业的取向。只有培育起“前无古人、心无圣人、旁无他人”的奋进姿态，方有精品大作。

公文写作的“三大原则”

中央和地方都对秘书工作职能和人员素质提出了许许多多的原则要求。从对公文写作的要求看，实事求是、与时俱进、以人为本这三条原则是基础性的，需要在写作过程中遵守和体现。

一、实事求是是公文写作之本

实事求是是我们党的思想路线的重要内容，是我们党的执政原则，其也必然成为公文写作的基本原则。实事求是体现在公文写作中就是尊重实际、尊重基层、尊重规律。

尊重实际。公文的形成源于实际工作和现实生活的需要，尊重实际自然成为最基本的要求。对上请示工作、报告情况，对下指导工作、推动发展，都要实实在在，一是一、二是二，不说假话、大话、空话，有喜报喜、有忧报忧，不投领导所好，不看领导眼色，不惧客观困难，不避现实矛盾。公文写作者只有具有冷静清醒的头脑、敏感深邃的双眼、善听能辨的耳朵，对材料过“筛子”、对指示动“脑子”、对措施照“镜子”，才能保证公文的实用性、适宜性、准确性。如果离开客观实际去闭门造车，必然会陷入官僚主义、形式主义和文牍主义的泥沼，使公文成为违背实际的假文、成为不着边际的废文、成为“一望无际”的空文，这样的公文不但无助于组织管理，发挥不了应有作用，甚至还可能会带来负面效应。

尊重基层。中国特色社会主义的伟大实践与巨大成就，很大程度上得益于基层群众的探索和创新。优秀的公文源于对基层的深刻体验和准确反映。因此，公文写作者必须要发扬深入实际、联系群众、调查研究、认真负责的工作作风，倾听群众和基层的呼声，放下架子、扑下身子、摆正位子，真心实意地向基层求教、拜群众为师，对基层的状况如实记录，对基层的声音入耳进脑，从基层和群众的意见呼声中得到启示和动力，获得措施和办法。只有这样，公文写作才能抓住事实的根本，才能最大限度地激发蕴藏在基层和群众中的创造活力，才能够发现问题、提出问题、分析问题，最后有效地解决问题，从而得到广大基层和群众的普遍拥护和支持。

尊重规律。规律的存在和作用是不以人的意志为转移的，不管人们认识与否、承认与否、喜欢与否。规律既不能被创造和消灭，也不能被改变和扭曲，人们可以认识规律、利用规律，但不能违背规律、无视规律。公文一旦形成发布，在一定时期内，乃至很长时间内对社会的发展、对群众的生产生活都将产生很大影响，因此，公文不但要迅速传达事关大局的正确主张，而且要准确表现其科学依据，不仅要及时反映客观事物的现状，而且要准确揭示客观事物的本质、主流及其发展规律，使之经得起实践的检验，经得起历史的考验。有些公文产生“信用危机”，很大程度上就是忽视规律、违背规律、破坏规律造成的。

二、与时俱进是公文写作之要

时代在变，客观实际在变，工作重心在变，政策环境在变。公文必须围绕时代发展步伐，与时俱进地体现时代新变化，反映时代最强音，切实做到紧跟时代，紧随形势，紧靠前沿。

紧跟时代。具有时代精神是公文写作的方向和动力。社会在不断发展，情况在不断变化，问题在不断涌现，我们无法利用已有的知识经验解决。若一味地套用文种、照搬经验、沿袭做法，这样的公文，纵使能迅速写出、快速发出，它的实效性也必然会大打折扣，不尽如人意，甚至毫无意义。唐朝诗人刘禹锡曾言：“请君莫奏前朝曲，听唱新翻杨柳枝。”公文写作者要做时代的瞭望者、记录人，就一定要有意识地摆脱习惯思维方式和条条框框的约束，从旧形式中、从老经验中跳出来，善于观察新事物、剖析新情况、发现新问题、总结新经验、提出新办法，这样才有可能适应时代要求、引领时代发展，从而使写出的公文体现时代性，把握规律性，富于创造性。

紧随形势。公文应时而生，合时而用。当前，正是世界多极化、经济全球化、信息一体化迅猛发展的关键时期，写作公文时必须考虑国内外、所辖区域内外的政治、经济、文化、科技等各方面激烈变化和走势趋向，适应形势变化，紧随发展需求，反映动态特点。写好公文，还必须要求写作者吃透上情、摸清下情、了解内情、掌握外情，要跟进研究各级领导机关出台的重大政策，认真学习，弄懂吃透，领会实质，要注重内外情研究，分析其发展轨迹，判断其发展走向，把握其发展特征，要善于在错综复杂的形势变化中，沙里淘金，正确判断客观形势，科学预测发展趋势，准确把握事物态势。只有这样，公文才有可能上符合中央的要求、中符合本地的实际、下符合基层的需要，进而发挥应有的作用。

紧靠前沿。现今社会，知识不断更新，发展一日千里，环境变化多端。公文写作若不紧跟时代潮流，抓住时代最前沿的东西，而只局限于旧的形式内容、旧的理念概念、旧的要求原则，就会老气横秋、俗气难耐、过气无用。只有站在时代的前沿，领先理念、领引潮流、领会真谛，才会有最新鲜最深刻的发现，才能有最生动最感人的表现，才可起到最鼓舞干劲最催人奋进的作用。因此，公文写作者应立足于广阔的时代背景，站立在奔腾的时代前端，放宽思路，放远眼光，放开视野，去探索新发现，去分析新问题，去寻找新规律，预见大势所趋、预测发展走向、预想发生问题，在此基础上提出对策、解决问题，提出建议、服务决策，提出要求、推进发展。

三、以人为本是公文写作之魂

以人为本是新时期我们党的执政理念，是我们党治国理政的经验总结，也是公文写作之魂。公文写作坚持以人为本，就要把人当作第一对象、当作最大资源、当作价值判断标准，就要始终敬畏群众、敬重生命、敬爱生活。

敬畏群众。群众是历史的创造者和推动者，群众路线和群众思想是我们党的“传家宝”。公文写作者必须对群众怀有敬畏之心，始终把维护人民群众的根本利益作为写作的出发点和归宿，把群众的主体地位凸显出来，尊重群众的人性、人权、人格，切实做到从群众中来、到群众中去，这样才能顺利实现发文意图。公文的制、发和用语要体现人文关怀，做到深入浅出，务求通情达理。如果把群众当作命令的强制执行对象，那么我们就站到了群众的对立面，工作就失去了依靠力量，发文意图很可能就要落空，公文就会变成一纸空文。

敬重生命。公文的对象是人。没有对象的公文是空文。因此，公文要重视人的存在方式、敬重人的价值追求、维护人的公平自由。那种无视生命价值，只重物不重人，那种离开了人的存在而提出的所谓要求措施，必然是没有生命力的。虽然社会复杂多样，但是每个人都是社会平等的一分子，都应得到应有的尊重和爱护。只有在尊重人、理解人、关心人和发展人的基础上确立公文的主旨，同时在安排公文的结构语言时充满人文关怀，珍惜生命存在，注重人生需求，这种公文才能真正赢得群众的信任、拥护和支持。

敬爱生活。公文写作者是否具有科学的世界观、积极的人生观、先进的价值观、正确的权力观和高尚的道德观，是否坚持全面发展的观点看待社会进步，正视社会矛盾，理解社会问题，是否用朝气蓬勃、健康向上、风清气正的文风宣扬社会生活的发展进步，消除危害社会的思想情绪，对能否写好公文极其重要。热爱生活的人，就会对消极现象不含糊掩饰，不应付敷衍，不发泄怨恨，而是通过公文写作将问题讲透、对要求讲清、把愿景讲好，在公文中凝聚对社会生活的爱、体现对朋友同志的情、散发对未来生活的盼。热爱生活的人，就会将自己对工作的认识、思想、情趣和意图积极地融入公文写作中，抒发对发展的渴望、对改革的期待、对和谐的向往，使公文发挥解疑释惑、聚智合力、推进社会进步的巨大作用。

回到公文写作的常态

当下，公文写作出现了一些值得关注的倾向，或是把一个词细分为若干个同义词，剥开来层层递进地写下去以示阐述深刻精致，或是搜罗古今中外的诗词给全文打满“补丁”以显博学广闻，或是夹杂西洋案例英文单词以证时尚开放。

公文的本质是知照事务、指导工作、明确要求、协调各方、推动发展，在写作时始终要弄清楚想明白这几点：是标题重要还是主题重要，是形式重要还是内容重要，是好听重要还是能用重要，是煽情重要还是励志重要。方向明确了，重点抓住了，关系理顺了，公文写作就不会走调跑偏。

因此，观点立起来、语句有温情、举措能管用、讲点新鲜话是写好一篇公文的基本要求。

观点立起来。立言之要在于有物。观点是文章的灵魂。魏晋时期的文学家陆机曾说：“立片言而居要，乃一篇之警策。”一篇公文能把具体的问题加以概括升华，努力把本质的东西揭示出来，将条理、道理、情理、真理融会贯通，渗透全文，特别是提倡什么，限制什么，支持什么，反对什么，一目了然，旗帜鲜明，那是十分可贵和难得的。

公文是承载思想的文体。思想性始终是第一位的。只有站在全局高度看问题，跳出本地区域想问题，吃透上情，把握下情，找到异同点，才能产生新观点。有些公文为了出高度，一味地靠语言往上拔，因为没有事的支持，“言之无文，行之不远”，结果怎么也高不上去。只有事和理吻合，实践和理论结合，才能出高度。

观点有了，也不要过分追求概述观点句子的匀称对偶，雕饰粉装，精致工整，排比对仗，在造词凑句上费尽心思，用尽气力。其实，只要把工作要求、重大意义、必要性、紧迫性、责任感、使命感表达出来，用词用句越质朴简洁，观点给人留下的印象就越深刻难忘。

语句有温情。写好公文不是靠惊人之语、霸气强势，不是靠押韵对偶、骈体作赋，而是要克服单向思维和强势思维，在领导想讲点什么与群众想听点什么中找结合点。不与群众想到一块，不回应群众的关切，不面对群众的民生诉求，难免会讲空话、套话、官话。

“如果我们没有学会说群众懂得的话，那么广大群众是不能领会我们的决议的”，毛泽东主席这接地气的话，不是说出来的，而是百姓思维、民生关怀、生活积累和问题导向融会贯通体现出来的。如果一篇公文连对象是谁，主要针对什么事，解决的问题是什么，工作的目的、时间、举措、落实单位这些基本的要求都没有讲清楚，谁读了听了也不知道怎么办，有何温情可言？如果满篇都是“高大上”的理论用词、引经据典、哲学道理甚至是词句离奇艰涩，温情从何而见？只有切实做到真心实意、真情流露、真实自然、真切可爱，讲实在的话，讲能用的话，讲通俗的话，只有切实做到不痛不痒的话不说、大而化之的建议不提、拐弯抹角的道理不讲，文字才会动起来，有呼吸、有温度、有力量，才能打动人、说服人、影响人，才会更加富有生命力、更加体现亲和力、更加增强号召力。

举措能管用。公文都是为用而写，不能有事无事开会，有话无话都讲，可发可不发的文也发，而是应该对某项工作、某些事情、某种现象、某个问题有看法有意见、有要求、有安排才开会讲话，才制文发布，指出问题、指明要求、指引方向、指点路径、指导工作。

应用性是公文的特性。如果一篇公文不触及现实矛盾，不回应现实关切，不抓住问题，不解决问题，使人领会不到核心价值在哪里，让人把握不到目标要求是哪些，那就是无的放矢，无病呻吟。因此，每发一篇文、每开一个会、每讲一次话，都要想清楚针对什么问题，如何去突破，要求是哪些。在阐述时，善于把理论问题具体化，把具体问题理论化，使真情实感表现在对问题发现的敏感上、深刻认知体现在对问题性质的把握上，表达清晰，语义明确，易于领会，利于操作，从而使制文、开会、讲话起到应起到的作用。

讲点新鲜话。千篇一律的套话、无的放矢的空话、夸奖献谀的假话，这种“笔头和心头、表态和心态、套路和心路不一致”的现象，人们最反感。

公文要“合时而用，应时而生”，但也并非去赶潮逐浪，“为赋新词强说愁”“语不惊人死不休”。它提倡的是，对实践成果做新概括，对政策出台做新设计，对未来发展做新描绘。新也并非“惟陈言之务去”“不袭蹈前人一言一句”，非要用读者没见过的词，非要讲群众没听过的事，非要讲百姓不易懂的话。一个尚未被人们和社会认识的新提法新词语，有时反而会带来理解分歧和认识迟滞。倡导公文说新话，应追求思维活跃、思路清晰、思想深刻，用思考的理性之美、叙事的求实之美、语句的简洁之美和风格的个性之美，让人体验空间之阔、产生思想火花、感受语言力量。

当下，公文写作研究成为秘书界搞得很热闹的一件事。这种模式，那种技巧，这篇范文，那篇例稿，题目摘录汇总，段落对照参考在微信圈、公众号和书册中不断发布出版，传播参照，为提高公文写作水平提供了帮助。但笔者认为，套路并非出路，方法并非方向，还是要回到常识，回归常态，切切实实把功夫下在“短、实、新”要求的落地落细上，写出让群众愿意看、看得懂，愿意听、听得进，能管用、用得上的好公文。

如何收集和整理材料

写作必须先收集材料，这是由人们认识事物的客观规律、由思想产生发展的客观规律决定的。写作，无非是把自己对事物的认识、把自己的思想观点表达出来。正确的认识和思想观点是从实践中得来的，是根据实践中积累起来的材料总结、概括出来的。思想观点的形成是认识上的一个飞跃，这个飞跃，只有在掌握了十分丰富和符合实际材料的基础上方能完成。这是辩证唯物主义认识论的基本观点，也是研究和写作的基本方法。

材料是公文的写作之母。真正有观点有价值的好文章，都是在充分收集材料基础上精心选材、巧妙构思写成的。写作公文，就是收集材料和组装材料。因为公文是不允许联想和杜撰的，也不可能使用文学夸张的手法，它要求每一句话、每一个结论都科学合理，切合实际，有大量的材料做支撑。毛泽东在《改造我们的学习》中对此曾有过深刻的说明："我们要从国内外、省内外、县内外、区内外的实际情况出发，从其中引出其固有的而不是臆造的规律性，即找出周围事变的内部联系，作为我们行动的向导。而要这样做，就须不凭主观想象，不凭一时的热情，不凭死的书本，而凭客观存在的事实，详细地占有材料，在马克思列宁主义一般原理的指导下，从这些材料中引出正确的结论。这种结论，不是甲乙丙丁的现象罗列，也不是夸夸其谈的滥调文章，而是科学的结论。这种态度，有实事求是之意，无哗众取宠之心。这种态度，就是党性的表现，就是理论和实际统一的马克思列宁主义的作风。"

经典的理论作品，都是在详细广泛收集材料的基础上写成的。列宁为了写作《帝国主义是资本主义的最高阶段》，收集和整理了60万字左右的材料。鲁迅写作《小说旧闻钞》，查阅了1500多卷书，详细笔录，"废寝忘食，锐意穷搜"。由此可见，材料对于写作具有多么重要的作用。

同样的一个题目，同样写一种类型的文稿，为什么有的人写起来比较容易，写得也好，而有的人写得吃力，写得不行？除了思想水平、基本技能的差异以外，重要的原因是收集材料、运用材料的不同。如果平常注重收集材料，写作的时候就会得心应手，就能够抓住重要的问题，就会感到材料有如千军万马供人驱使，文思就有如山中清泉取之不竭，遣词造句就有如吐玉射珠顺笔而下。所以，做材料的积累工作非常重要。不断做材料收集工作，有助于写作者充实自己的头脑，有助于写作者弄清事实和观点，有助于写作者培养对新鲜事物的敏感，有助于写作者认识客观事物内在矛盾及其发展变化的规律，有助于写作者提高分析综合的能力，有助于写作者理解基本的理论问题和党的方针政策。

实际上，每一个写作者都会做材料收集工作，只是有人做得多，有人做得少；有人做得好，有人做得差；有人用这种形式做，有人用那种形式做；有人比较自觉，有人不那么自觉。做和不做，做多和做少，懂做和不懂做，自觉和不自觉做，效果是不一样的。

收集材料要注重大量地、详细地占有材料。列宁在《统计学和社会学》一文中说过：“在社会现象方面，没有比胡乱抽出一些个别事实和玩弄实例更普遍更站不住脚的方法了。罗列一般例子是毫不费劲的，但这是没有任何意义的或者完全起相反的作用，因为在具体的历史情况下，一切事情都有它个别的情况。如果从事实的全部总和、从事实的联系去掌握事实，那么，事实不仅是‘胜于雄辩的东西’，而且是论据确凿的东西。如果不是从全部总和、不是从联系中去掌握事实，而是片段的和随便挑出来的，那末事实就只能是一种儿戏，或者甚至连儿戏也不如。”

收集材料，越多越好。茅盾说：“采集之时，贪多务得，要跟奸商一般，只消风闻得何处有门路，有货，便千方百计钻挖，弄到手方肯死心，不管是什么东西，只要是可称为‘货’的，便囤积，不厌其多。”所谓“多”，就是大量地、详细地占有材料。

大量地详细地占有材料一般包括：

占有现实的材料和历史的材料；

占有正面的材料和反面的材料；

占有一地的材料和多领域的材料；

占有一专业的材料和相关学科的材料；

占有具体的材料和全面的材料；

占有直接的材料和间接的材料；

占有文字数字材料和图像声音材料。

材料收集得越多，写作时就越主动。收集材料时，还要注意几点：

一是收集的事实和观点不要怕有矛盾，而且最好是有矛盾、有不一致的地方，这样才有对比，容易判断出哪个对、哪个错。同时，也可以提出两种情况供领导选择。

二是不要放弃点滴的新鲜材料，要多留心那些点点滴滴的东西，培养对新鲜事物的敏感性。

三是一定要记下材料的来源和时间，特别是新观点，要搞清楚来龙去脉，以便领导查询和自己使用时注明。

四是注意记录思想的火花。

五是要经常熟悉、翻阅、整理收集的材料。

材料收集之后不能垒在桌上就行，还要下功夫整理。

整理材料是写作的一个关键问题。许多公文写作者以为材料的整理就是待收集了许多材料后再进行的工作。其实材料整理的工作早在材料收集过程中就开始了，比如参加一个会议，做记录时就应该将发言的人员、发言的内容进行分类和逐个登记。这样，会议结束后，就可以马上看出这次会议哪方面材料是足够的、丰富的，哪方面材料是不够的、漏掉的，然后及时地进行核对、补充、索要。

至于材料收集之后的整理加工，就更应规范和细致，一般来说，整理材料的方法有如下几种。

1. **对材料进行阅读消化，使之由厚变薄。**面对收集来的众多材料，许多人往往毫无头绪，觉得无法把握。这就需要静下心来进行认真的阅读，弄清楚每一份材料的实质和作用，以及材料与材料之间的相互关系和区别。随着阅读功夫的加大，对材料的理解就会加深，为我所用的材料就会逐渐有眉目，这时材料就会由厚变薄。

2. **对材料进行鉴别充实，使之准确全面。**在收集材料过程中，总难免会有一些材料来不及鉴别核实，这就要求在梳理阶段进行鉴别、核实和补充，去伪存真。核实、鉴别的重点要放在观点与材料有无矛盾之处，数字与论据是否有必然的联系，材料来源是第一手的还是第二手的，是感性材料还是书面材料，是“活”材料还是“死”材料，提供材料的人与之关系及思想倾向等。

为了真实，写作公文最好采用原始材料，或依托经典文献，或查阅历史档案。当然，即使是原始材料、经典文献、历史档案也可能有差错，也要进行鉴别和核实，务求其真实可靠。

审核材料最好是在原地进行，因为留在原地方，如果材料有不足，需要增补的，可以随时补充。

3. **对材料进行筛选分类，使之条理分明。**公文材料具有较强的综合性，涉及面很广，工业、农业、商业、科技、文教等无所不包。如果对收集来的材料不加选择，那就会繁乱而无中心，在写作中就会出现罗列堆砌、杂乱无章的毛病。所以，对材料进行筛选和分类是有必要的。筛选和分类材料的方法并无定式。筛选较好的方式是写摘要，就是对材料下一番选择功夫，把更加重要的留下来。在写摘要时，注意不要把真正重要的材料丢掉，或使材料过分抽象化。

分类的方法很多，可以根据材料情况而定，或按时间分类，或按问题分类，或按写作顺序分类，或按正反分类等。如果材料中有很多数字，最好是制成若干图表，使材料一目了然，便于使用。

在对材料进行筛选和分类时，要注意材料的几个结合：现实材料与历史材料的结合；点的材料与面的材料的结合；事实材料与理论材料的结合。

4. **对材料进行加工整合，使之逻辑升华。**根据写作的要求，将材料去粗取精、由表及里、由此及彼地加以整理，使之形成内在的相关性，形成反映观点的规律性，形成支撑思想的系统性，用以说明问题、归结观点、反映主题。对个别问题可以下科学的判断，对若干相关联的问题可以先行归纳做出结论等。

最后还要对重要的材料加以编排整理，标明材料顺序、主次、时间、来源等，以便存档和供他人参考使用。

整理材料的过程，就是不断地选择、取舍、分析和综合的过程。这个过程要采取多种方法反复地做，一次有一次的新发现。很可能上次选的认为很重要的材料，这次就发现不那么重要了，而原来认为不重要的材料，到这时才发现很有意义。不断地整理，总能够使材料越理越好，减少写作时的难度，提高写作的效率与质量。

将材料分析出个条理来

分析是人类认识世界的一种重要方法。分析，就是把被研究的对象分解为各个部分而分别加以研究的一种逻辑方法。分析通常分为横向分析（断面分析）和纵向分析（历史分析）两种。横向分析是对事物现有的各个方面所做的分析，如全省开展深入学习实践科学发展观活动后，对这项工作的各种问题和矛盾，对各地市县不同进展情况进行分析等。纵向分析是对事物的各个发展阶段所做的分析。对事物发展的历史具体性进行分析，可以发现事物本质在不同历史时期的具体特点即事物在生活中最本质的、富于时代印痕的特点，如对农业生产责任制的起始、发展、成熟和现状进行分析。

客观事物是纷繁复杂的，人的认识首先是直观的、大体的、笼统的，停留在现象层面的。如果我们没有透过现象进行分析研究，就会只知其一不知其二，就会被个别现象所迷惑，就会经常犯片面性的错误。《增广贤文》中说："相识满天下，知心有几人。"就是说认识的人不少，了解的人不多，说明了解一个人很不容易，需要经过长期的交往观察。我们了解一个事物，也要下一番功夫。也就是说，了解事物不能单看现象，还要深入地考究它、追寻它的发展史、环境背景及其相互关系，通过反复再三的努力，去寻求它的本质。这一番功夫就是分析功夫。

华山在1953年第20期《新闻业务》上发表的《抓住特点，具体地说明特点》一文中举了一个生动的例子：有的记者，一过江就跟上穿插作战的部队，一连三个战役，都是插到敌人的中间，猛追猛打。耳闻目睹，都是敌人在我们战士面前狼狈逃窜，一败千里的情景，就说美国军队"不堪一击"，"比国民党军队还好打！"于是，"打美国好比吃烧饼"，"从北到南，一推就完"，诸如此类的报道都出现了。好像战争很快就要结束似的。可是现实生活并不像速胜论者所说的那样。敌人就是打了整整三年才被迫停战的。也有这样的记者，在朝鲜总是跟着打阻击战的部队，俘虏见得不多，炮弹炸弹却挨了不少，亲自经受以及所见所闻，都是在敌人炮火下的艰苦生活。于是又有人对胜利前途怀疑起来："美国是纸老虎？我看还是钢的哩！"当然，现实生活也并不像怀疑论者所想的那样。敌人终归还是失败了。

两个极端，同样错误。这是对现象不加分析的结果。

可见，分析对于认识事物有多么重要的意义。

公文中使用分析方法是较多的，因为公文总是要提出问题和解决问题，决不是无的放矢的空洞文章。要提出问题和解决问题，就要以科学理论为指导，运用正确的方法进行科学的分析，以发现事物的矛盾，求得解决矛盾的方法。

分析事物有许多方式方法。同一个事物，可以由外向内分析，也可以由内向外分析；可以由远而近，也可以由近而远；可以由上而下，也可以由下而上；可以单从某一个角度去分析，也可以从好几个角度去分析；可以先从一个角度去分析，再从另一个角度去分析，也可以有计划地从几个角度交错着去分析。一些逻辑书中介绍的单相分析法、相关分析法、平衡分析法、直接推理分析法、趋势分析法、综合分析法、定性分析法、定量分析法等，都是分析中很有用的方法。在写作公文中，无论用什么分析方法，不外乎是：

1. **分析原因和结果**。分析事物的矛盾，可以采用不同的形式分析它们的不同方面，以及它们之间存在着必然的联系。因果联系是主要的联系，对任何一个事物的矛盾都要进行因果分析，找出它们之间必然的联系来。

2. **分析现象和本质**。事物的本质往往被许多外部现象所掩盖。现象和本质间有差别和矛盾，认识事物的本质，就要对现象进行深入的分析。在实际工作中，往往还会得到一些歪曲事实的材料，这些虚假的现象往往掩盖住事物的本质，使人迷惑。只有深入地科学地分析事物，才能够"拨开云雾见太阳"。现实生活中，片面的偶然的现象很多，只有从庞杂的生活现象中找出事物的共同特点，把事物的现象和本质区别开来，才能抓住事物的特点。分析的最终目的，是寻找到事物的本质。

3. **分析数量和质量**。任何事物都是质和量的统一体。任何质量都表现为一定的数量，没有数量也就没有质量。分析只注重数量，往往会迷惑于表面的东西，做出错误的结论；只注重质量，也容易犯以偏概全的错误。

4. 分析普遍性和特殊性。存在于事物发展过程中的矛盾，既有普遍性，又有特殊性。分析普遍性矛盾，可以把握事物共同的本质；分析特殊性矛盾，可以把握事物单体的本质。为了辨别事物，发现事物运动的特殊原因或特殊依据，就要分析事物的特殊矛盾，确定区别于它事物的特殊的本质。为了寻找事物的共同特点，就要分析事物的普遍之处，确定事物之间的联系点。

学会这些分析的方法，我们就可以用以指导实际工作中的具体事物的分析。一般来说，分析材料应注意抓如下几个方面：

1. 抓时代性。公文的材料或为公文而积累的材料一般都是反映各地区、各部门、各单位带有普遍性和现实性的问题。因此，对材料进行分析时，就应该在遵照党和国家的路线、方针、政策的前提下，围绕各单位、各部门、各地区的形势和最新的任务及目标，进行有方向性、阶段性和前瞻性的分析。

2. 抓倾向性。在材料堆积如山的时候，如果初步接触，可能会陷于其中，抓不住中心，看不出问题，抓不住材料内部所具有的苗头和趋势。因此，必须根据当地某一阶段的重大工作部署和重要活动，结合材料进行分析，从中找出具有倾向性的东西，以便把握事态的趋势，了解工作进展情况和走向。

3. 抓典型性。一堆材料之中，必然会有重要与次要的区分，典型和一般的区别，这就得结合公文写作的需要对材料加以比较鉴别，以使材料具有更强的说服力，增强公文材料的应用力度。

4. 抓焦点性。公文写作是为领导和基层服务的。因此，领导及群众所关注的工作重点、难点，也应该成为分析时抓的“焦点”。如果分析材料时游离于领导及群众所关注的重点、难点、焦点之外，单纯地在材料中分析材料，又怎能做好领导的参谋助手、怎能反映群众的呼声、怎能服务于改革和建设呢?

当然，在分析材料时还需要抓许多东西，我们不主张那种毫无目的、为分析而分析的做法，更反对那种观点先行、领导定调的做法。

抓准综合材料的着眼点

综合是把研究对象的各个部分、各个方面、各种因素结合成一个整体，从整体上来把握、来认识对象的一种逻辑方法。

综合不是“结合”，不是把各个部分机械相加，而是对各个部分做逻辑的处理。一般的综合工作，应做到：

第一，找出各部分间的共同特点。事物都是具体的，从一般事物的共同特点找出不同事物的个性特点，又用个性特点来具体说明一般事物的共同特点，这样进行综合，对事物就有一个总的印象。

第二，找出各部分间的共同联系。把事物的现象和本质区别开来，把个性特点和共性特点区别开来，把一般的个性和历史的具体性区别开来，真正找出事物间的联系，这样才能更深刻地认识事物。

第三，找出各部分间的共同结论。如，根据鱼类、两栖类、爬行类、哺乳类等各自特点的近似性，排列成一个序列，从而推出“生物是进化的”这样一个综合性的结论。

在公文写作中，材料的综合，要把着眼点放在：

1. 抓大事抓要事。所谓大事，是指各地区、各部门、各单位在一个时期之内的重大部署、重点活动和重要动态。所谓要事，是指对一个地区、一个系统、一个单位在一个时期内有较大制约、推动和影响的热点、难点、重点事件。综合材料就要对所有的材料加以比较、加以鉴别、加以选择，抓住大事要事，抓住有苗头性、倾向性的东西，进行综合，及时反映到领导那里。

2. 抓好事抓坏事。基层反映的材料、情况，有些是好的做法、好的经验、好的反映，有些则是一些矛盾问题和攻坚难题，是“坏事”。综合材料就要用辩证的观点看问题，要本着报实情、讲真话的精神，有喜报喜，有忧报忧。

作为领导来说，也希望了解到政策措施出台后基层部门和群众的反应，听到基层和群众新的呼声，特别是一些负面意见，以便及时发现问题、调整政策、完善措施、解决问题。因此，从一定意义上说，领导更希望综合材料的同志多反映一些“坏事”。

3. **抓新事抓急事**。新事就是指在现实生活中涌现的新事物、新观点、新经验、新气象、新动向、新进度、新问题等。“动态综合”一般反映的都是这一类事物。急事是指重大的、突发性的事。急事的着眼点是“快”，它要求把一个时期、一个政策出台后的反应尽快收集综合，把一个地方发生的诸如灾害、重大交通事故等突发性事故进行综合性反映。

4. **抓典型抓全面**。在综合材料时，应该对材料进行分析比较，弄清哪些经验具有典型意义，可以进行推广；哪些问题具有代表性，要先行解决。这样通过综合抓一定范围、一定层次的典型，便于领导掌握点的情况。同时，对面上的情况要多方了解多角度关注多方式分析，使工作进展和事态变化的总趋势、总水平、总状况都心中有数，掌控在手。

综合材料，在一定意义上就是对材料进行全面汇合的工作。全面，不是指面面俱到，眉毛胡子一把抓，不可以遗漏一个方面、一个环节，而是指综合材料时站位要高、眼界要宽、材料要多。材料反映不但有今的东西，还有古的内容；不但有内的反应，还有外的动态；不但有上的看法，还有下的意见；不但有正面的材料，还有反面的材料；不但有点的情况，还有面的情况。这样使领导看过综合材料后“胸中有全局，手中有典型”，材料综合才算达到目的。

因此，综合材料主要在如下方面下功夫：

一是寻找普遍性。现实生活中的特例固然不少，但个别性没有代表意义，对他人他事没有借鉴参考的价值。事物之间总是有着某种联系的，特别是同类事物，联系点更多。综合材料就要把功夫下在寻找事物间的共同点、共同趋势、共同规律上，从而得出普遍性、规律性的认识和意见，推而广之，指导全局。

二是摸出规律性。客观现实表面现象多姿多彩，表现形式多种多样，但事物发展变化的周期性、交替性、反复性会形成一定的规律。遵循这些规律，就顺应发展促进发展，反之，往往会以失败告终。综合材料就要透过现象找本质，概括特殊找共性，找到事物发展运动的规律，从而在工作中尊重客观、尊重实际、尊重规律，使工作进展更为顺畅、快捷和有效。

三是构建系统性。此事物与彼事物、这种情况和那种情况往往构成某种关系，关系与关系相联形成为系统。综合材料就要从整体和系统入手，找到事物和情况间的相融性、互补性和关联性，摸准能够对全局迎刃而解的切入点和关键处，从而使谋划发展高瞻远瞩、看待问题客观全面、处理事情统筹兼顾、推进工作总揽全局，避免只看到一个方面而忽视另一个方面，顾彼失此，挂一漏万。

把词语用准确来

毛泽东主席是准确运用语言的大师。如果细心研究毛泽东主席诗词手迹，就会发现有许多更改的地方。比如《十六字令三首》，其中一句最初写的是“倒海翻江倒巨澜”，后改为“倒海翻江搅巨澜”，而正式发表时，又改为“倒海翻江卷巨澜”。仅仅一字，日理万机的毛泽东主席就斟酌再三,一改再改才出手，足可见他对文字准确度的注重。虽然只改了一字，但第一次把“倒”改为“搅”，避免了短句里“倒”字重复。第二次将“搅”改“卷”，就更加切合地表现出海浪江水的翻腾惊险，更加生动形象了。

文学作品如此，公文写作要求就更严格了。公文具有法规性、权威性和凭据性，只有让受文者不折不扣地了解发文意图，才能达到行文目的。如果表达不确切，受文者可以这么理解，也可以那么理解，不仅令人费解，而且容易造成误解，使实际工作蒙受损失。这不是危言耸听，而是有案可稽。

清朝政府要修筑胶济铁路，想向德国人借钱，于是双方签订条约，约定德方出钱帮助修筑胶济铁路，而中方“沿铁路三十里内的煤矿等矿，德国人有权开采”。当时讲明的是铁路左右共30里，也就是铁路左右各15里。但事后德国人硬说是铁路左右各30里，并说这是以条约为依据的。原因就是这“三十里内”含糊其词，既可以解释为“左右各三十里”，也可以解释为“左右共三十里”，而条约又是中方拟的，有什么办法呢？只好又丢了一倍土地。一词含糊，丧权辱国。

在新中国成立后开展的“五反”运动期间，也有一个生动的事例。“五反”运动开始之初，由于对运动内容不甚明确，政策界限不清，各地在确定斗争目标上出现过一些偏差。如，上海一些基层单位，不管什么违法不违法，一齐反，反暴利、反剥削、反压迫、反对资本家的腐化生活等。1952年2月29日，西南局在给川西区党委并报中央的电报中指出："你们二月二十二日送来之关于'五反'不法行为临时计算办法中关于'暴利'的解释，经我们研究后，觉得暴利的提法是不很妥当。这样，第一，是不好算，无底；第二，掌握不紧就很容易形成以算剥削账的办法去算暴利，形成混乱；第三，从政治上说也不够策略。事实上许多奸商愿意承认暴利而不愿承认盗窃，就是证明。因此，我们意见，你们所指各项，应列入盗窃国家财产或因此而使国家受到的损失为好，并望以后报纸的宣传上亦注意此点。"（薄一波《若干重大决策与事件的回顾》上卷，中共党史出版社，1991，第171—172页）

1952年3月1日，毛泽东主席将西南局的电报批转各地。他指出："西南局二月二十九日的电报是正确的，发给你们参考。当天津、济南、南京、上海等处提出'反暴利'的口号时，大资本家即迅速接受，因为这个口号可以被他们利用去威胁中小资本家，说他们的利润中也有暴利。就目前时期来说，真正违反国家和人民利益的暴利，已包含在'五反'的各项对象中，故只应提'五反'，不应再提反暴利。隐匿侵吞敌产、逃走外汇两事，国家已有法令，又可包括在'盗窃国家财产'一项内。倒卖金银、偷卖鸦片白面两事，国家亦有法令，可依法办理，不必于'五反'外另立项目，变为'六反'、'七反'。"（薄一波《若干重大决策与事件的回顾》上卷，中共党史出版社，1991，第171—172页）

由此可见，语言的选择、使用和推敲，对准确地表现内容有极大的关系。莫泊桑曾经说过："不论人家所要说的事情是什么，只有一个字可以表现它，一个动词可以使它生动，一个形容词可以限定它的性质。因此我们得寻求着，直到发现了这字，这动词和这形容词才止，决不要安于'大致可以'，决不要为着躲避困难而求援于一些作伪的字句——即使是巧妙的作伪也不行——而求援于一些谐谑的语言。"我们应该下真功夫去寻找这一词一句，准确地再现事物的原貌。

那么，怎样使语言准确呢？

1. **搞懂词语的指称范围和功能。**比如"口岸"，通常的理解只有海和江河才有口岸。实际上呢，口岸分四种类型，一种是"港口口岸"，如大连；一种是"铁路口岸"，如满洲里；一种是"航空口岸"，如北京；一种是"公路口岸"，如图们等。如果不弄清楚"口岸"的意义，乱加使用，就可能发生歧义。

2. **弄清词语对语境的不同要求**。不同的语言环境对词语的要求是不同的，随着客观环境如时间、地点、场合、对象的不同，在语言的运用上都应有所区别。如“指斥、指责”，两个词都有指出缺点、错误，加以批评、责备的意思，但“指责”，着重在把缺点、错误挑出来，语意较轻，而“指斥”着重在斥责，语意较重。要根据不同的对象、场合即语境加以选用。

3. **分出词语的分寸和轻重**。所选词语的分寸和分量，要大小合适、轻重恰当。如果该用语意较重的词语却用一个语意较轻的词语，该用语意较轻的词语却用一个语意较重的词语，都会使表达出现不足。如“不能非法同居和早婚早育”，将“不能”换用“严禁”的话，意思表达就更充分。

又如“法制”和“法治”，前者指国家的法律和制度，后者指依法治理。“搞活国有大中型企业”与“救活国有大中型企业”在程度上区别很大。“国家机构”和“国家机关”两个词容易混用。“国家机关”是“国家机构”的重要组成部分，全部的国家机关称为国家机构，它们之间有大小之差。“权力”和“权利”也如此，人大代表行使权力，不能写为权利，公民享有权利，不能写成享有权力。这类词很多，如“截止”与“截至”、“制定”与“制订”、“绝不”与“决不”等。对这些词语就要精准、细致地区分它们之间的微小差别，恰如其分地使用。

4. **注意词语的搭配和照应**。有这样一个故事，从前有一个人，文学根底很差，但毫无自知之明，喜欢和朋友联句吟诗。在一个诗酒会上，这个人竟写出“柳絮飞来片片红”的诗句来。诗句一出，举座哗然。这个“红”字实在用得太荒唐了，柳絮怎么会“红”呢！他的朋友见状，灵机一动，解救了他，提笔在前面加上一句“夕阳方照桃花坞”。这样一来，“柳絮飞来片片红”竟成为很有诗意的句子了。这个故事说明，注意词语搭配和上下照应是多么的重要。

事实上也是如此，搭配和照应得当的词语往往“一字不易”，就是说一个字都改动不得，每个字用得都很准确，表示的意思很严谨。

5. **仔细区别词语的感情色彩**。在汉语词语中，有相当一部分词语带有一定的感情色彩。郭沫若在《怎样运用文学的语言》中说：“语言除掉意义之外，应该要追求它的色彩、声调、感触。”同样含义的词，使用的环境、对象和主观取向的不同，表达的感情色彩就不同，或响亮，或沉郁，都会给人一种深沉的影响，使得句子、文章准确。比如“去世、逝世、过世、牺牲、作古”都表示“死”的意思，但可以表达不同的感情色彩，用于不同的场合和对象。又如“爱护”“保护”“庇护”“称赞”“奉承”“鼓动”“大力”“大肆”“大举”“滋长”“培养”“肆无忌惮”“毫无顾虑”等词，都需要仔细辨别才能够使用准确，客观地反映事物，提高表达效果。

6. **精确把握模糊语言的隶属度**。模糊语言在表述上是清楚的，只是具有不确定的语意而已。模糊语言不是随处随时可置的词语，它得讲究场合、时间和对象。任何一个模糊语言都隶属一个模糊集合，超出这个集合，或者在这个集合中程度、分寸、轻重序乱都是会表达错意思的。在模糊语言中，也有“精确”与“不精确”之分。如，“基本上”和“大部分”，它们也是有区别的。十分之七，可以说“大部分”，但不能说“基本上”。“基本上”既可以指数量，也可以指其他，“大部分”就只限指数量。“基本上”与“大体上”也有区别，“大体上”只是口语中一个粗略估计的说法，“基本上”则更认真、更严肃、更全面。所以，当用准确语言的，不能打马虎眼，用模糊语言替代。如，一项活动究竟有多少人参加了，是“全体”还是“绝大多数”，是“一部分”还是“个别”，能弄清楚的就要弄清楚。一个任务是“已经完成”还是“基本完成”，也要了解清楚，写得贴切，不能想当然地写。因此，要在写作中估算出模糊语言的程度，心中有数，使用才会恰当。

7. **科学使用简称词**。有些复音词使用频率较高，使用久了，人们往往以简称来代替，不影响语意的简称使用是正常的，使用得适当，可以使语言简洁。

简称，一般有几种。

一种是全称较长，可以分成几个短语，在每个短语里选择一字组成简称。如，“中华人民共和国外交部驻香港特别行政区特派员公署”简称为“驻港公署”，“拥护政府，爱护人民”简称为“拥政爱民”，“中国共产党中央委员会中央和国家机关工作委员会”简称为“中央和国家机关工委”等。

一种是两个平列词共用一个附加语。如，“中学和小学”简称为“中小学”，“进口和出口”简称为“进出口”等。

一种是用数字概括平列的几项内容。如，“五讲四美”“四个意识”“四个自信”“五位一体”，等等。

简称的使用一定要通俗易懂和恰当合规，如果使用不易懂的简称就会给理解带来障碍。

1951年6月6日《人民日报》发表社论《正确地使用祖国的语言，为语言的纯洁和健康而斗争》，说到了公文写作乱用简称的现象：直到最近，我们还可以从地方机关的文件中看到“保反委员会”（中国人民保卫世界和平反对美国侵略委员会）、“抗援运动”（抗美援朝运动）、“建网工作（建立宣传网工作）等等新造的略语，以及“美帝”（美帝国主义）、“双减”（减租减息）、“生救”（生产自救）、“匪特”（土匪特务）等等老牌的略语。

问题是在20世纪50年代提出的，然而“直到最近”，滥用简称的现象还是没有被消灭。

王希杰在《语文建设》1991年第6期《简称的笑话和现实》中讲到，上海吊车厂被简称为“上吊”，自贡县杀虫剂厂被简称为“自杀”。在生活工作中，这类的例子不少。如，“打拐办”（打击拐卖妇女儿童办公室）、“人流办”（人口流动管理办公室）、“打爆办”（打击非法生产销售烟花爆竹办公室）、“铁公机办”（铁路公路机场建设管理办公室）、“天保办”（天然林保护办公室）。

还有一种情况，简称虽然称不上不妥，但容易引起重名和误解，也要慎重。比如，“南京大学”“南昌大学”“南开大学”都简称“南大”，就会带出许多问题。

语言应力求简洁，但是，文字的繁简没有定则，应根据内容的需要来决定。要把语言简洁与苟简及滥用简称区别开来。简洁有一定的限度，如果过了头，就变成了苟简。毛泽东主席在为《中国农村的社会主义高潮》写的按语中批评过这种现象：“我们的许多同志在写文章的时候，也不讲究文法和修辞，爱好一种半文言半白话的体裁，有时废话连篇，有时又尽量简古，好像他们是立志要让读者受苦似的。”公文作者应该克服这种“让读者受苦”的现象。

倚马可待是能耐

公文是时效性很强的文体，不像文学作品的写作没有时间要求。俄国文学家列夫·托尔斯泰写《复活》前后用了十年时间，德国诗人歌德创作《浮士德》用尽毕生精力，我国的曹雪芹写《红楼梦》前八十回就花了十年工夫。

公文写作中，除一些大型会议工作报告、综合性材料写作时间相对长一点外，一般都有十分严格的时间限制。如，关于部署抗洪防汛的指示或通知，应快写快发。遇到紧急向上报告的重要问题、急需向下传达的重要事项，都应争分夺秒，及时起草、制发出去，以免贻误工作。会议简报，一般要求当天会议当天发出，至迟也要第二天发出。还有些公文，如会议纪要、会议决议等，往往立等就要，要求写作者有倚马可待的能力。

因而，倚马可待是公文写作者需要练就的能耐。

那么，如何在写作任务又多、时间要求又紧、题目指定又具体的情况下，把公文写好呢？

一是具有政治意识。能不能较快地写作出有深度、有思想的公文在很大程度上取决于写作者的政治意识。政治意识不是空洞的，它是与政策修养和理论修养紧密联系在一起的。只有具备了一定的理论修养，对党和国家的政策有着深刻的理解，才能树立较强的政治意识。有了较强的政治意识，才不会为五光十色的社会现象所迷惑，不会在丰富多彩的生活面前眼花缭乱，而是能透过纷纭的社会现象辨明方向，抓住本质，看清趋势，捕捉到那些处于萌芽状态的正在成长中的具有普遍意义的新事物，保持对现实生活的观察，培养对政治问题的敏感，增加对形势变化的了解，始终保持对时代“火花”、工作亮点、探索创新以及多种新词语、新现象、新发展的观察研究，任务一来，即可上阵。

二是紧贴中心工作。党和国家的工作是有阶段性的，一个时段与另一个时段的中心目标、任务、要求不一样。各地区、各部门、各单位在各个阶段和各个时期都有相对侧重要抓的工作，这就是中心。写作者应善于和随时了解研究这个中心的安排和意图，研究大局的发展变化，掌握本地区、本部门、本单位推动中心工作的实际情况，对什么事要突出做好，什么事可以暂时延后，都心中有数。

很多写作者之所以任务一来，立马就赶，甚至还赶不上和赶不好，主要原因就是缺乏对中心工作的深刻理解、积极参与和热情关心，不是经常地去观察、体验、分析这些中心工作，而是无动于衷，茫然无知。一接受任务下来，就只靠单纯的手中材料写，这样做工作，这样赶任务，可想而知是赶不好的。

三是勤于积累资料。每一位优秀的写作者都是勤于积累资料的人。写作者收集资料的来源是非常广泛的：跟随领导下基层、自己搞调研、报纸刊物、内部资料、群众来信、上级文件等，都可以供作资料之用。做资料工作要讲究方法，选准方向，定向积累，防止盲目性，避免单一性，也要养成习惯，持之以恒，防止记记停停，不系统，不全面，更要善于运用，温故知新，举一反三。

四是经常研究政策。政策的体现大多是文件。政策的形成相对复杂。政策大多具有连续性。党和国家在不同阶段的同类工作大都做过专门部署和出台过政策法规，各地同样有贯彻落实的意见措施。政策很大一部分是秘书部门参与制定的。一个重要政策的制定都有积累过程、引发原因和一定规律。这些都说明了写作者要经常熟悉和研究政策。不但要对现行政策有全面深入的掌握，还要对过去、对自己区域层级之外的政策有更多的了解，既要知其然，又要知其所以然，了解政策出台的背景和针对的问题，了解政策的历史脉络和价值导向，区分最新政策与过去同类政策的异同，把握本地政策的特点和体会外地政策的优势，从而掌握政策精神的实质。

五是富有奉献精神。恐怕大多数写作者都有这样的体会：深夜，别人都进入了梦乡，自己却在灯下伏案；节假日，别人陪着家人逛商店游公园，自己却泡在办公室；其他时间，别人在娱乐休闲，自己却不得不面对稿子苦思冥想。有人用“一支钢笔，两袖清风，三更不寐，四季受累”来描绘写作者的艰辛，很是逼真。公文写作者的勤奋奉献是社会公认的。

公文写作强度大、要求急，加班熬夜是家常便饭。写作公文是无名无利的劳动，写得再多再好，也看不到自己的名字，没有稿酬可拿。有的人写了一辈子，也找不到哪篇文章是自己的。所以，公文写作者不仅要有为党工作、为人民服务的光荣感和责任感，还要有不计得失、乐于吃苦，默默无闻的“老黄牛”精神；要有淡泊名利，扎实工作，一步一个脚印的“马前卒”精神；要有不讲报酬，忠于职守，认真负责的“螺丝钉”精神。如果怕苦怕累，斤斤计较，是干不了也干不好这份工作的。

胡乔木于1955年11月谈新闻写作时说过这么一段话：“突击，一般地说不是个好词，好像是临时匆匆忙忙赶出来的。但是，新闻工作本来就是突击工作，不是研究工作。大家的观念要改变过来，该赶就要赶，要限时完成。”这段话，对公文写作同样具有重要的指导意义。古人云：“莫言马上得天下，自古英雄尽解诗。”又云：“上马击狂胡，下马草军书。”我们就是要有这种修养和能力。当然，这要靠长期的准备和努力。功夫不负苦心人，只要是有心人、用心人，倚马可待就不成难题，一样可以写出好公文。

四、如何写好领导讲话稿

从吃透领导意图入手

公文都是直接表达制发公文机关领导意图，为领导机关指导工作服务的。这里的领导并不单指领导者个人，更多的是指领导班子这个集体。公文的这种“遵命性”特点，要求写作公文时必须且应当完整、准确、充分地吃透领导意图。

所谓领导意图，就是领导机关制定政策、部署工作、处理问题的基本指导思想。在讲话稿写作中，领会和遵从领导意图来提炼主题是非常必要的。如果忽略了这一点，按照写作者个人意图去立意，就可能偏离党和国家的方针政策，背离组织或领导意图。其结果，小则费时费力，贻误工作，大则会造成重大决策失误和犯政治性错误。

如何才能吃透领导意图呢？主要从如下五个方面去把握。

一、站在同一层次体味领导意图

写作者要有“代入感”，做好“代言人”，在写作时，懂得是受领导之命，学会“关起门来当领导”，使自己进入“领导角色”看问题、想问题和研究问题，站在领导的同一高度、同一方位进行思考和写作，不能落后“角色”、离开“角色”。做到这些，平时要注重加强理论和政策学习，提高站位、放宽视野看待问题和分析情况，从而努力使自己在认识水平、知识积累、材料情况等方面尽可能与领导“同频共振”。

二、善于融会贯通弄清领导意图

弄清领导意图，写作者要善于融会贯通。领导在交代任务时，有的意见比较具体，比较明确，有的则比较原则，比较简单。这就需要写作者注意把领导的授意与平时的观点、主张联系起来，并根据中央和国家的路线方针政策与本地具体实际结合起来，使之既体现中央和上级精神，又符合本地实际，且符合领导意图。因此，写作者要掌握领导对问题的基本看法、基本态度、基本观点，注意收集领导的讲话，尤其是领导脱稿讲到的新提法、新观点、新要求，留意领导在平时、调研和批示中讲得比较多的看法及内容，要琢磨领导的职责分工、思维方式、工作特点和语言习惯。这样日积月累，不仅可以了解和掌握领导的思想观点与主张，而且可以了解和掌握这些观点及主张形成的依据与过程，从而把握领导的思想脉络，为全面准确地领会和体现领导的意图奠定良好的基础。

三、通过独立思考丰富领导意图

从实际情况看，领导交代意图后，如果写作者不经过独立思考就照抄照用，写出的公文往往会过于简略和单调。因此，写作者要把领导的“关注点”，作为思考的“着力点”，将领会领导意图和个人独立思考结合起来。要发挥写作者对材料情况比较熟悉或者接触基层比较多、比较直接的优势，通过自己的独立思考，丰富领导意图，弥补领导意图，使之具有全面性、科学性，避免片面性、表面性。要通过自己的独立思考，补充领导意图，深化领导意图。一般来说，领导站得高些，看得远些，对党和国家的路线方针政策理解得深些，但是写作者也不要拘泥于此，怕想事情，怕提意见，而是要把自己思想中的“闪光点”和领会到的事物的关键点、切入点提出来，深化和补充领导意图。客观事物是不断发展的，如果写作者深入实际调查研究掌握的第一手材料对领导意图有所补充和深化，就要大胆提出来，使领导意图更加完善，更加集中。这样做有利于工作，也将会得到领导的重视。但要注意的是，不能把自己的观点“塞”进讲话稿中。任何一个观点的提出，都要经过领导定夺。

四、结合实际情况印证领导意图

领导有了想法，交办写作的意图，有时仅仅是一种良好愿望和主观看法，是否可行，还有待于第一手材料的印证和实践的检验。

写好讲话稿，只待在办公室听领导发指令和只在材料中讨生活是不行的，必须走出去，为领导起眼睛和耳朵的作用，了解第一线工作开展的情况，收集基层群众的意见建议，找到领导意图和实际情况的“对接点”。陈云说过：“领导机关制定政策，要用90%以上的时间做调查研究工作，最后讨论决定用不到10%的时间就够了。”新中国成立后，毛泽东主席起草的《论十大关系》，是在做了大量的调查研究基础上完成的:“经过两个半月，和34个部门讨论，每天一个部或两天一个部，听他们的报告，跟他们讨论，然后得出十大关系的结论。”

有些写作者由于对情况掌握得不够，对指示领会不深，写的讲话稿或主题不明，或态度暧昧，或思路不清。因此，写作者应经常到基层，到广大干部和群众中去了解情况，吸收营养，听取意见，开阔眼界，增长知识，促进对客观事物的深度和广度的认识，克服没有领导指示就找不到题目、没有上送材料就写不出事例的现象。

五、深入研究政策对应领导意图

政策是工作的依据和原则。领导工作的重点就是要落实上级政策。领导交代意图后，写作者要了解上级出台的相关政策的情况，及时收集政策文件进行研究，既要了解政策形成的过程、达到的目的、设置的界线，也要掌握政策包括的要求、内容、重点，既要关注政策实施过程中的苗头性问题、差异性动态，也要总结政策推动落实后取得的成效和经验，既要知晓领导参加与相关政策有关的会议情况，也要看上级领导在会上对贯彻落实政策提出的具体要求。只有这样去理解和充实，才能更加丰富领导交代写作的意图，写出好的讲话稿。

领导讲话稿要像“话”

领导讲话稿写作在秘书工作中占有相当比重，领导的要求很高，群众的期望很高，社会的关注度较高，因而写作的难度也很大，应做多方面努力。

一要有状态。若想写出一篇好的讲话稿，需要挖空心思，殚精竭虑，连续思考，日夜奋战。怕苦怕累、不愿加班加点、精神状态不佳的人，很难写出主题高昂的旋律。另外，心胸豁达才能写好讲话稿。若有精彩之笔而纳入私货（写自己文章时再用），沿袭老路而不思跳出，讲话稿自然就落入俗套。写了一篇自以为“典范”的稿子，结果被否定，就发牢骚，讲怪话，推责任，这样，显然连基本的品德修养都达不到了。其实，稿子被否定有多种原因，可能是没有写好，体现不出领导意图，也可能是领导推翻了原来的思路，有所改进、转变、提升。不管是什么原因，秘书都不要固执己见、悲观失望、怨声载道，而要始终保持虚心接受、乐观豁达、重整旗鼓的心态。

精神状态好，突出表现在工作中抢占主动。如果只等待领导交办后才去被动地找材料动手写作，恐怕很难写好。讲话稿写作总的来讲是被动性的工作，只有化被动为主动才能写好。如果平时注重调查研究，勤于收集材料，注意形成观点，留心领导的精彩语言，完全可以变被动为主动，任务一旦下来，就能迅速动手，且言之有据，述之有材，倚马可待。

写好讲话稿，把握大局，紧跟形势很重要。写作者应始终注意培养自己的政治敏锐性，密切关注建设发展和改革开放中出现的新情况、新问题、新特点、新成绩，积极思考工作和生活中发生变化的深刻含义和长远意义，把自己的思想时刻统一到上级的新精神上，并在写作中加以体现，才有可能不落俗套，出人意料，打动人心。

二要有干货。好的讲话稿，基础是材料丰富，内容充实，具有针对性、真实性和丰富性。

针对性强的稿子，听众才会觉得有用。如何衡量稿子的针对性是否强呢？主要看思想观点是否正确。如果观点错误，无论说得多么动听也是不堪一击的。同时，要把具体目标任务写明确。越明确的目标任务越能激励人心。如果讲话稿仅仅讲些大道理空目标，听众不知道具体的当前的努力方向，必然会“远水解不了近渴”。同时，提出的措施对策要可行，如果仅仅提出目标要求而不告诉听众怎么去实现，也会使人感到畏难或无从着手，所以既要提出过河的任务，也要解决桥和船的问题。如果能既提出“目标是什么”，又告之“如何去实现”，这样的讲话稿针对性、指导性、操作性强，就能较好地推动工作。

真实性是讲话稿的生命。为什么强调写作者要“吃透两头”，既要熟悉上级文件，又要了解下级情况？因为一篇讲话稿，如果观点错误，失之偏颇，或者不顾实情，脱离实际，就绝不会打动人、说服人、激发人。真实的核心是“准”，特别是一些涉及政治原则、政策规章的提法，涉及群众利益和社会矛盾的定位定性等内容，必须一是一、二是二，出之有据，具体明确，切实可行。

只有材料内容丰富的讲话，才能深深地吸引听众。材料内容丰富不等于篇幅冗长，不是面面俱到的流水账，更不是内容庞杂的中药铺。相反，不管使用多少材料，讲多少具体问题，都必须紧紧扣住一个中心思想来展开，大而不空，散而不乱，多而不杂，长而不冗。

三要有文采。语言生硬，官腔十足，满篇都是“应该”“必须”“一定要”之类词语的讲话稿怎么会受到听众的欢迎呢？从语言角度说，注意选用响亮动听的语言，注重音节强弱的搭配，多用声调和谐的表述，避免那些说着不流畅、听着不悦耳的语言，就能使人心悦诚服，心情愉快。文字的选择与语言的使用实质上是一致的，强调的是通俗易懂，平易近人。如果满篇讲话稿都是古雅含蓄的冷僻成语、艰深难懂的专业术语，或是不明其义的生造词语、流传不广的俚话俗语，肯定达不到简洁明晰、亲切感人的效果。因此，写讲话稿，要尽可能避免使用文言词、书面语、生僻字和多义词。如果能够减少一点官腔，穿插一点幽默，流露一点亲切，则必然会产生意想不到的效果。

讲话稿有文采，就不能当收发室，不唯书、不唯上，不照抄、不照搬，不走下级抄上级、新材料抄旧材料、小报告抄大报告的转录嫁接的“捷径”，克服空话套话大话的“陋习”，道出心里话，说些新鲜话，讲点生动话，用些百姓话。达到这些要求，就要把功夫下在平时，注意捕捉领导和群众思想的“闪光点”，使之成为稿子的点睛之笔，注意积累、利用领导的观点和主张，收集群众的反映和愿望，使之形成个性化表述。

有文采，最高的标准是形成风格。不同的人语言风格各不相同，有的领导讲话气势磅礴，声情并茂，感召力强；有的领导讲话偏重说理，逻辑严密，无懈可击；有的领导讲话生动活泼，风趣幽默，以情感人；有的领导讲话朴实平易，娓娓道来，顺理成章。因领导的文化修养、理论水平、专业特长、讲话习惯、处世方法等不同而各异。写作者要注意分析揣摩领导的习性，注意在行文中突出其个性，从而达到文如其人的效果，这样就可以形成一种独特风格。

四要有语感。有些人认为领导讲的话，一定要原则一些，理性一些，才能显出气势和深度，其实这是误解。讲话讲话，讲的是“话”。领导讲话不是宣读论文，不是背诵课文，而是宣传发动工作，鼓励下属斗志，切实解决问题。因此，领导讲话虽有稿子，但要时刻想到是在对人说话，要使人感到亲切、生动、自然。当然，这并不是说把领导日常所说的话原封不动地搬进稿子，更不是提倡全篇都是方言土语，而是强调通俗易懂，具体形象，生动活泼，朗朗上口，响亮优美。提倡口语化，必须反对玩弄辞藻。一篇稿子追求华丽，故弄玄虚，虽然读起来朗朗上口、听起来激情澎湃、想起来却毫无意义、用起来更难以操作。

衡量讲话稿“话”的含量，最好的办法就是读，读给别人听，也请别人读给自己听，更要自己放声读出来体会。一读就知道像“话”不像“话”，从而就知道稿子好不好了。

讲话稿如何“拉掌”

领导讲话稿使用多、应用广、作用大，领导很重视，社会很关注，影响很广泛。

领导讲话稿还不是一种法定文体，没有统一样式，写作的自由度和个性化比较强，因领导的学养、性格、场合和用途不同而不同。写出观点鲜明、特点突出、落点扎实的领导讲话稿是一种工作需要，是一个思想挑战，更是一件写作难事。那么，如何写出一篇能让人喝彩、拉出掌声的讲话稿呢?

增强思想力和执行力

领导召开会议学习理论、部署工作、研究问题，都应有较为突出和集中的主题，为了影响特定群体去实现特定目标，因而需要通过讲话开展动员部署。这种需要和影响既来自制度、权力和规则，也来自文采、情感和表达，更来自思想、导向和要求。集中起来讲，就是要增强思想力和执行力。思想力和执行力不是截然分开的两面。没有较高的政治站位和全局观念，没有较真的务实定位和追求信念，没有较强的格局品位和发展理念，思想力是出不来的。

同样，思想性要求如果不结合工作实际，不落到工作安排，不明确工作责任，就容易走虚走偏，导致官僚主义、形式主义的产生，执行力也无从谈起。因此，只有对接上头、熟知下头、明确奔头、讲清由头，用党的创新理论武装头脑，掌握最新的政治话语体系，善于用政治眼光观察和分析经济社会现象，善于洞察经济社会活动的政治后果，也善于在表达上虚实结合，事理融合，讲用切合，讲话稿才能说服人、打动人、教育人、提升人、引领人。那些没有自己的态度、没有明确的要求、没有清晰的思路、没有具体的举措的讲话，有什么用?

少讲场面话和过渡话

我们常常听到这样的领导讲话，如开头把会议安排的议程，诸如刚才哪个同志做了讲话，哪些同志做了发言，参观考察了什么地方什么内容复述一遍，或者是为了提某个要求，把相关背景材料都端出来，从国际到国内，从外地到本地，从上级到本级，罗列周致，照顾周全。还有些讲话稿套话多、过渡话多，没有“三五下”不入题，没有几个转折词不过瘾，把人引进圈层里如堕雾中，让人摸不到方向，找不到路子。

一株大树枝繁叶茂才能显现其生机与活力，一朵红花有绿叶衬托更能绽放鲜艳和释放丰韵。要做到形散神不散，就要紧紧围绕主题主线从不同高度不同程度不同角度不同维度去条分缕析，细分解剖，充分阐述，把所讲的东西讲得更加生动、更加精彩、更加丰厚。我们并不反对旁征博引、恣意纵横，但也不能文不对题地“百搭”一堆，口水溅了不少，效果并不太好，以致出现“领导干部开会，与会人员瞌睡，工作人员受累”的现象。

注重去官气和鼓士气

领导讲话吸引力不强，号召力不大，影响力不广，除了观点不鲜明、要点不突出、亮点不生动之外，很大程度是因为官气重、地气少。“讲话让群众听得懂，办事让群众信得过”，这是领导工作和讲话的基本要求。有些讲话稿“要”字满天飞，“必须”通篇走，尽显官气，尽展权威，让听众感到压力山大，却看不到出路希望。领导讲话虽是一种与听众的交流，却不是真正面对面的个别交谈，所以很容易走向训话的方向去，以权压人，以势逼人，以威吓人。

真正好的讲话稿，能鼓动起听众的兴趣、展现出奋斗的激情、定位准努力的目标、强调好工作的要求、明确清各方的责任，给人以深刻印象，促人做深入思考，引人去深化认识，使人能深彻理解，催人去深度落实。做到这一点，就要避空口说白话，避有理讲不清，避开弓不放箭，避排列中药柜，避当文字搬运工，避口号震天响。“六避”是讲话稿的写作之道，是克服“文难懂”的有效方法，更是为人民服务应有的作风和文风要求。

追求简明和简短

好的讲话稿长什么样？无非主题突出、开门见山、重点明晰、要求确实、语言生动、文风质朴。领导讲得认真，群众听了认同，社会反响认可，好理解，好把握，好应用。达此要求，就必须把话讲得简明和简短。

明和短，是写作的基本要求，是文风的基本格调，是公文的基本底色。领导讲话站得高，对形势分析、矛盾症结、工作推进、战略布局都应有总体要求、精辟认识及明确指示；会议时间有限，应开短会、讲短话，不能感慨万端、侃侃而谈、事无巨细、漫无边际，而应该阐其要旨、述其要意、陈其要害、明其要点。一篇讲话稿，这也想讲，那也要说，一个领导，说了这点，又谈那点，结果是不得要领，不敬他人，事没有说透、啰唆烦人，话没有说完、无人聆听。只有始终咬住主题不放松，盯住主旨不转移，抓住主线不撒手，逐渐深化，逐条剖析，逐次论证，逐步递进，讲话稿才能言之有物，言之有理，言之有序，言之有力。

融通道理和情理

一篇讲话稿，要把干事业推工作的道理讲清楚，让人知道为什么干、怎么干、干成什么样，才会使人信服，引人向上，催人奋进。自然，道理来自实践，来自现实，来自深刻的社会变革，更来自人民心愿和生活追求，是有温度和饱含情感的。说清道理并不难。党的理论话语体系丰富生动，与时俱进，只要学会党的创新理论，提高政治站位，善于用唯物辩证法去观察分析实际生活，看出门道，摸出规律，把握节奏，引领趋势，就能把事物之理阐述得明确清晰，使人看得懂、信得过、用得上，切实做到知信行合一。

“感人心者，莫先乎情。”什么能感动人心？是情感。情感为什么能打动人？是事理。道理与情理是融会贯通于一体的。动真情、讲真话、出真招，在叙述中给人关怀，在激励中给人希望，在要求中给人指导，在原则中给人底线，动之以情，晓之以理，让人知其然，也知其所以然，明其理，也明其心，从而增强自觉性、主动性，起到凝心聚力、团结协作的作用。

如果一篇领导讲话稿有思想、有内容、有风格、有力量，能让听众和读者眼光为之一闪，精神为之一振，思维为之一跃，动能为之一聚，就是一篇能“拉掌”的讲话稿。

写出能“拉掌”的领导讲话稿，没有秘密武器，根本的是在学习理论上下功夫，保持思想的活跃度；在观察思考上下功夫，保持材料的新鲜感；在工作实践上下功夫，保持观点的正确性。

摆事实·讲道理·提要求

列夫·托尔斯泰的《安娜·卡列尼娜》中有一个很流行的开篇句："幸福的家庭是相似的，不幸的家庭各有各的不同。"讲话稿也是如此，好的讲话稿都有吸引人打动人说服人的共同点，差的讲话稿的毛病却千奇百怪。

那么，好的讲话稿的共同点是什么呢？我们认为，它好就好在能够摆事实，讲道理，提要求。遗憾的是，很多讲话稿这三个方面问题不少。

一、事实是摆出来的

讲话稿不能空对空，它不是理论辅导教材，也不是哲学思辨文章，而是组织干部群众推进发展改革和攻破"疑难杂症"的"动员令"。无事不用开会，不开会就没有讲话稿。可以说，讲话稿"因事而来"，也"对事而言"，所以把事情弄清楚、讲清楚很重要，而实际情况往往不是这样，讲话稿在"摆事实"时往往忘了摆，犯了很多忌，主要是：

认识多。摆事实时只有空洞的条条纲纲，没有什么是"事"，或者讲了并不多的"事实"后，接着是一大堆的认识和分析，分不出是摆事实还是谈认识。结果是"事实不多看法多，材料不够认识凑"。

解释多。讲一点事，解释一遍缘由，还没有摆什么事，说明就有了几大条，甚至只有解释而没有摆事实，总怕读者"不懂事"。

要求多。把上级的要求、对他人的要求当作事实，该讲事实的却成了提要求。要求也是单方面的，强硬式的，没有论证，没有依据，没有商议，使人不信服、不舒服、不佩服。

数字多。满篇都是数字，似乎数字就是事实本身。对数字没有分析论证，看不出数字之间的关系，数字之间的矛盾也多，数字是为什么而存在不清楚，数字起什么作用看不出。

精神多。大量抄文件用语、领导讲话和理论结论，以为上级的东西是事实，以为领导讲话是事实，对存在着的符合上级精神要求又很有典型性、说服力强的事实却视而不见，没有摆进去。

二、道理是讲出来的

领导讲话要说服听众，激励听众，讲道理是绝招，所谓“有理走遍天下，无理寸步难行”。为什么有的领导出面协调工作、部署任务效果很好，有的就不行呢？功夫和区别就在于会不会讲理，讲理不讲理，有没有理。讲话稿不讲道理或者有理讲不出、讲不好、讲不够的原因，主要有：

没有法。讲道理最有力的依据是法律规章和上级文件规定。现在的情况是，法律多、执行差，内容多、引用少。对已定格写进法规的普遍性、权威性道理用得很少，结果讲话稿“硬不起来”。

没有情。晓之以理就要动之以情，理是情的珍珠串，所以“情理”不分家，有情无理不深刻，有理无情不感人，理中有情最服人。那种板着面孔说话、拒人于千里之外的讲话，就不容易让人接受，就容易使人逆反。

没有道。道理首在“道”，即说的有层次有逻辑有先后有大小。有理无“道”，这个理就是乱的、散的、弱的。道理怎么讲好？可以娓娓说来，可以旁征博引，可以平铺直叙，可以激情洋溢。无论什么方式，都能感受得到其中的力量，力量的本源就是理，理的力度在深刻。

没有源。生活是道理的源泉，经过无数证明过的规律性认识也就是源，所道的理没有来源和出处就不容易说服人，就如无根之木，无源之水。通常而言，引用俗语、民间看法、对联、顺口溜等都很有说服力。

三、要求是提出来的

要求怎么提呢？需要区别式地提，使提的要求有针对性、专业性、层次性；需要升华式地提，使提的要求不一般，站位高，有特点，表述新；需要权威性地提，使提的要求让人信，愿执行，大胆做；需要创新性地提，使提的要求能破解“瓶颈”，解决问题，打开局面。但遗憾的是，很多讲话稿在提要求时存在如下毛病：

一般性。每次讲话都是“套套”，用“老四件”应付，即“提高认识，加强领导，强化协调，注重督查”。很多要求是共同的，每项工作都这么提，每个领导都这么提，每届领导都这么提，与会者“耳熟能详”，执行者“习以为常”，旁观者“不为所动”。

普遍性。提要求时强调固守上级文件“口径”，只讲北京话，不讲“本地方言”，上级怎么提就怎么提，发达地区怎么提就怎么提，求安全、求标准，求人人能用、事事可用、时时都用，没有行业特点，没有层次特征，也没有区域特色。

盲目性。对所部署的工作没有进行专题、深入的研究，对所开展的工作不了解，对上级的要求不知晓，不敢讲具体、细节，漫无边际地提要求，无法打中靶子。

空洞性。所提要求口号多，没有一条可以落到实处，执行单位没有办法办理，听起来很有道理，琢磨起来毫无意义，真干起来无从入手，脱离实际，没有对象，似乎无错，实则无用。

随意性。一些领导干部把说话看得很轻，大话、空话、套话、假话，什么话都敢说，把话说到头了，说绝了。所提要求没有经过班子讨论，也没有充分论证，可行性很差，表态承诺不经思考，无法兑现，结果失去诚信，甚至刻意出“新”，追求“出名”，用语“雷人”，不顾后果。

五、撩开“红头文件”的神秘面纱

“红头文件”长什么样

“红头文件”给人们的印象是神秘而庄重的。文件在治国理政和社会管理中的作用极其重要，多少人为此付出了政治生命，多少人也因此实现了发展愿望。

“红头文件”并不是正规用词，而是老百姓对党政机关文件的统称。过去的“红头文件”，主要是在体制内自我运转，许多还打上了“绝密”“机密”和“秘密”的字样，远离群众，远隔社会。而今，党务政务日渐开放，中央和许多地方已决定，非密文件出台的同时要在媒体公布。近年来，随着一些“红头文件”被状告、被质疑、被清理，“红头文件”逐渐和广大群众亲近了起来。尽管这样，很多人对“红头文件”还是不够了解，有必要进一步“撩开面纱”。总的来看，“红头文件”具有三个特征。

一是规范性。“红头文件”的内容虽然形形色色，但大多事关党政机关运作、经济社会发展和人民群众利益，代表一定层级领导机关和管理单位对某一类事情所做出的界定、要求及指向，带有公共性、公益性和公开性，所以“红头文件”的制定是件十分严肃的事，要合法合理合情，要坚持以人为本、实事求是、问题导向的原则。这几年，不少地方对“红头文件”的出台、适用年限甚至内容都做了较为详细的规定，这就又在规范性上迈出了新的步伐。

二是权威性。新中国成立后的国家治理曾经走过了一个“以文理政”的年代。那时候，“红头文件”的权威至高无上，影响了许多人的命运，决定了许多事的兴衰。现在，法制越来越健全，“红头文件”的使用范围和作用已有所不同，但其权威性依然很强。一般而言，“红头文件”的发布单位都有一定的权力、地位，能对行文内容负责任，内容都有真实性、指导性、针对性。“红头文件”一经颁发，不允许不执行，也不允许各行其是，有很强的适用对象的普遍性和适用时间的连续性。为了加强其权威性和规范性，近年来许多地方对出台“红头文件”做了严格规定。比如，要先经法制部门核准、要经相关部门审议、在一定范围征求人民群众意见、要向上一级党政机关备案，等等。加之，“红头文件”必须符合我国现行的法律、条例和相关规章，必须在法治轨道中运行。这也是“红头文件”权威性的强力保证。

三是政策性。虽然从形式上说，许多公司、企业单位和学校的很多文件在版头上也印成红色，但我们通常所称的“红头文件”，指的是党政机关为出台相关政策、部署相应工作、做出相关安排而制发的文件。遗憾的是，长期以来，“红头文件”泛滥问题一直未能杜绝，影响了“红头文件”的生命力、影响力、执行力。不少基层党政机关用“红头文件”谋利，导致“乱收费”现象不断，特别是一些“准党政机关”（党政机关的下属事业单位）发布了许多涉及人民群众直接利益的文件，比如出台的文件规定“拖自行车按汽车收费”等，影响了党政机关的公信力。

针对“泛滥”问题，“红头文件”的制发要着重解决好几个问题：（一）是否会成为“被告”。一些地方文件通过“法制审查”后不合格率高达一半，这些文件如果贸然印发，必然会带来许多“不合法”结果，成为“被告”。（二）颁发方式不规范。制文的随意性较强，很多文件没有采取多种形式广泛听取意见，也未经制文机关集体审议，更没有进行合法性审查。（三）备案制度不完善。大多数文件都是制文机关自行决定，文件“打架”现象不少，文件之间的矛盾、冲突靠各制文单位协调很难解决，应由更高一级党政机关来协调审定。（四）定期清理问题。很多文件“暂行”了几十年，很多文件内容一段时间后就失去了实际意义，因此对文件进行定期清理很有必要。现今的机关大多是碰到整顿时才清理文件，或者是以新文件内容取代老文件内容，但老文件依然存在，很容易给人产生错觉错用，也会给人以可乘之机。文件应规定有效期，这也是权威性所必需的。“红头文件”“长生不老”该休了。

新时代给“红头文件”的制发提出了更高的要求，套上了“紧箍咒”，理应引起上下各方的高度重视，全力给予整治和提升。愿“红头文件”能够在推动社会发展中发挥更大作用。

公文在“公”

“公文”的定义，一直未达成共识，通观起来，不是失之于宽，就是失之于窄，讲内涵、作用、性质多，讲体式、程序、特点少。

公文是处理公务而形成的文体。公文的主要使用单位是党政机关、事业单位和国有企业。虽然很多民间场合、民事活动、民营企业也使用其中的一些文种，但不是主体、主角和主要形式。所谓公文，应当是公务之文、公众之文、公布之文、公决之文和公益之文。

公文的对象面对的是公众。尽管一些文种和使用的场合、对象有特指，但都是为公众生产生活需要而发出的文件。从背景、关系和处理目的及其产生作用来讲，从古至今没有为个体而产生的公文文种。

公文是公开发布、诏告天下的文件。即便标有密级的文件，受众也有范围和层级，一般而言不是一个人制发、一个人阅读、一个层面使用。而且，密级一般都有时限，过期便解密，成为公知、公阅、公开使用的材料。

公文程序性强、约束性强。从制作到成文，公文代表的都是党政集体和一定职能单位的意旨。公文的权威性从何而来？除了披上“单位”外衣，还经过若干程序（很多公文还要通过会议审议、表决），代表着集体决策，体现着领导和管理者的意图、意志、意愿。

公文谈的是公共利益。为了私人的利益而制发的公文不是没有，但也是为了更好地维护公平、正义，更好地维护国家和集体利益不受损害，更好地弥补决策行政的疏漏和不足。

总而言之，公文的要义在“公”，价值在“公”，目的也在“公”，主要体现就是讲公义，颁公法，明公理，倡公德，立公信，办公事，谋公利，促公平，护公权，奉公正。

公文发展的历史分期

我国公文发展历史悠久，源远流长。“文字始于号令”，自有文字开始，就自然产生了公文。从目前发掘的史料和学术界的定论看，公文历史至少有3000年以上。

任何事物的发展都有阶段性，5000年中华文明史如此，3000年公文发展史也如此。有的学者将公文发展历史分为六个阶段：孕育期（原始社会）、萌芽期（奴隶社会）、成熟期（战国、秦）、发展期（汉、三国、两晋、南北朝）、高峰期（唐、宋）、稳定期（元、明、清）。有的学者将其分为四个阶段：孕育萌芽期（原始与奴隶社会）、发展成熟期（封建社会）、改良突破期（近代社会）、自觉繁荣期（现代社会）。当然，学者还有许多不同的分期见解。这些探讨公文发展历史分期的见解，有的取向于政治经济活动的分期，有的以公文写作发展的过程为主要依据。根据公文的源流和进程来分期，分成萌芽期、成型期、稳定期、变革期、发展期五个阶段是比较切合历史状况和事物发展规律的。

萌芽期。这主要体现于甲骨文时期和《尚书》的记载。按照郭沫若的考证，中国真正有文字记录的历史，是从商代开始的。从1898年河南安阳小屯出土的一批甲骨文看，记载的是殷商从武丁到纣王273年王室的生活，分为祭祀、天时、征伐、王事、旬夕五大类。以《殷虚书契菁华》第二片看，叙辞部分刻写了占卜的日期和占卜的名字，命辞部分刻写了占卜的内容，占辞部分刻写了占卜后殷王视察龟兆做出的判断，验辞部分刻写说殷王的判断是正确的。可以说，这是一篇结构严谨、布局恰当的记录稿。又如《甲骨卜辞·今日雨》：“癸卯卜，今日雨，其自西来雨？其自东来雨？其自北来雨？其自南来雨？”这更是一篇生动的“笔录”。在当时，祭祀占卜是最大的公事。因此，可以说，甲骨文所记的大部分是当时的公事文书。

从春秋战国的典籍《尚书》中，可以窥见公文写作历史的一斑。《尚书》被文学史家称为我国最早的散文总集，但其中绝大部分却属于官府处理国家大事的公务文书。因此，它又是我国一部体例比较完备的公文总集。

说它是公文总集，是说它现存的58篇文章中，如唐代刘知几在《史通·内篇·六家》中说，“故其所载，皆典、谟、训、诰、誓、命之文”，只有一小部分是杂体文章。唐人孔颖达编撰的《尚书正义》将其内容分为十体，而公文类的典、谟、训、诰、誓、命就占了六体，公文体例可谓完备。《尚书》对后世公文的发展演变有着深远的影响。

除《尚书》里记载的这些文种外，先秦时期还出现了檄、移、玺、章、表、策、诏等文体。这一时期，公文开始使用年月日、签名和印章，也开始有了公文颁发呈送等初步制度。

这些史籍史实说明，我国公文写作萌芽于甲骨文时代，出现在夏商周时期。

成型期。秦王朝统一中国后，文字得到统一。为了发布命令，以“诏”天下，秦王朝颁布了一系列公文的用语和文种。《秦始皇本纪》中记载有“臣等昧死上尊号，王为‘泰皇’，命为‘制’，令为‘诏’，天子自称曰‘朕’。王曰：去‘泰’著‘皇’，采上古‘帝’位号，号曰：‘皇帝’”。同时，规定了“奏”“章”“表”“驳论”等四种文种。从整体情况看，这一时期，公文形式逐渐发展，公文语言基本形成，公文种类趋向多样。

汉代公文进一步规范化，主要表现在体裁、格式、递送等方面都有严格的规定，上行、平行和下行公文清晰明确，军事专用公文另立成类。刘师培先生在《中国中古文学史讲义》中提出：“文章各体，至东汉而大备。”这个结论是成立的。

三国时期，因为战乱，公文基本承汉而用。到魏晋南北朝及隋代时期，公文更为成型，一是公文趋向简要；二是文体种类不断增多；三是名篇佳作层出不穷；四是公文理论发展系统。其中特别值得一提的是，曹操和曹丕父子对公文发展贡献很大，无论是公文理论还是公文名篇，他们的见解和名作都影响了后世。但是，由于这一时期骈文盛行，公文绮靡成风，成为后代一大文风弊病。

稳定期。唐宋至元明清时期公文渐趋成熟。这一阶段大约为1300年历史，是较为成熟的封建社会时期。

唐宋时期，公文文种逐步增多，公文名称和用途更加确定，格式更趋程式化，公文制度化更为完善（计有避讳制度、抬头制度、用印制度、审核制度、保密制度、用纸制度、封装制度、编号制度、直述制度等），而且名篇迭出，公文写作理论也有一定的发展。公文写作的具体要求如提行、空格、顶格等都走向规范化。据《唐六典》记载："凡上之所以逮下，其制有六：曰制、敕、册、令、教、符"，"凡下之所以达上，其制亦有六：曰表、状、笺、启、辞、牒"，"诸司自相质问，其义有三：曰关、移、刺。"这一时期，名篇佳作很多。宋代赵汝愚编有《诸臣奏议》150卷，明代黄淮、杨士奇编纂有《历代名臣奏议》350卷。韩愈的《谏迎佛骨表》、魏徵的《谏太宗十思疏》、王维的《山中与裴秀才迪书》、王安石的《答司马谏议书》、苏轼的《上梅直讲书》《答谢民师书》等，都是优秀的公文名篇。这些名篇在公文写作史乃至文学史上占有重要的地位。同时，也涌现出许多擅写公文的高手，如唐代的陆贽，草拟诏令时"思如泉注，初若不经思虑，既成之后，莫不曲尽事情……同舍皆伏其能"。同是唐朝的韩愈曾担任皇帝秘书（中书舍人），写下了许多诏诰制敕类公文。宋人苏轼，一生写过800多道诏命，官为中书舍人和翰林学士。总的看来，唐宋两代许多著名的政治家、文学家和学者均做过公文写作的工作。

元明清时期，文种进一步增多，但也较杂。皇帝下行文有诏、诰、制，还有册、谕、书、符、令、檄；臣上行文有题、奏、表、启、章、书状、册、揭、制对、露布、译、事本；平行文有咨、关、牒；机关上行文有咨呈、牒呈、申状、呈状、亲呈等。不过，这一时期虽然较之唐宋时期公文的种类又有所增加，但主体没变，格式及语言要求也没什么变化。

变革期。1911年辛亥革命爆发，结束了2000多年的君主专制统治制度，建立了中国历史上第一个资产阶级民主共和国政权。其中，公文发生了重大变革，废除旧有公文程式，淘汰官署差役，清除书吏阶层。南京临时政府于1912年颁布了第一个公文程式条例，规定新政权使用五种文种："甲、上级公署职员引用于下级公署职员曰'令'或'谕'。乙、同级公署互相行文曰'咨'。丙、下级公署职员行用于上级公署职员及人民行用于公署职员者曰‘呈’。丁、公署职员公告一般人民者曰‘示’，但经参议院议决之法规，应由大总统宣布者曰‘公布’。戊、任用职员及受赏徽章之证书曰‘状’。”之后，南京临时政府内务部对文种名称和用法做了补充解释，共计规定九种文种，其中上行文一种：呈；下行文六种：令、谕、批、示、公布、状；平行文一种：咨；对外一种：照会。这是公文名称上的一次重大改革。

国民政府成立之后，公文建设被列为重项。1928年，国民党政府内务部颁布了《暂行公文革新办法》，提倡公文用白话，反对滥用旧套话，禁止骂人，还规定分段、用标点。1929年，又颁布了《划一公文用纸办法》，对公文样式、文面的栏目以及公文摘由的填写都做了具体规定。1938年，行政院颁发了《公文改良办法》，对提高公文写作提出一系列要求。1939年，行政院令行《处理案件注意要点》，对分明权限、专一责任问题做了具体规定。1942年，行政院公布新的公文程式条例，纠正行文混乱，调整行文关系，重申公文名称、用法。1945年，又通过了《文书手续的简化办法》。1947年，国民党政府组织大规模的“文书工作竞赛运动”，就文书、档案方面的竞赛拟订了《文书处理竞赛实行办法纲要》《缮写竞赛实施办法纲要》《档案管理工作竞赛实施办法纲要》。一批专家学者出版了不少公文方面的专著，如徐望之的《公牍通论》、许同莘的《公牍学史》、周连宽的《公文处理法》、陈国琛的《文书之简化与管理》、梁上燕的《县政府公文处理与档案管理》、傅振伦的《公文档案管理法》等。这些制度、措施和学术专著，无疑对提高公文质量有较大的促进作用。这一时期建立起的现代公文制度，其意义是变革性的。

发展期。中国共产党从成立之时起，就注重建立具有自己特色的公文制度。公文历史进入了一个崭新的发展阶段。

1921年至1925年建党初始阶段，党虽然处于秘密工作时期，但十分重视公文工作。中国共产党第一次全国代表大会产生的《中国共产党第一个纲领》《中国共产党第一个决议》以及周恩来于1923年3月间亲自刻印的《旅欧中国共产主义青年团章程》和旅欧中国共产主义青年团在巴黎写给党中央的第一号报告等，都是这个时期公文的代表作。这个时期，党中央采用的新公文有会议决定、决议、纲领、会议记录、中央通告、宣言、告群众书、信函、报告、统计报表等。1931年后，又开始用中央指示信、命令、训令、条例。这一时期瞿秋白起草了《文件处理办法》，这是我党历史上第一个关于公文处理的文件。

1934年，中国工农红军开始长征。在此期间，发电报几乎是当时秘书工作的唯一任务。因此，我党新创立了处理电报的一些制度和方法。1936年7月，晋察冀边区行政委员会发出了《晋察冀边区行政委员会关于改变公文格式的通知》。抗日战争全面爆发之后，我党于1938年4月发布了《改革公文程式的理论实践》的指示信。同年7月，又发布《公文程式再加改革令》。1940年6月，晋察冀边区行政委员会秘书长娄凝发表了《怎样使公文科学化》的文章。同年9月，陕甘宁边区政府发表《关于划一公文用纸的训令》。1942年，陕甘宁边区政府颁布了《陕甘宁边区新公文程式》。1946年，第三次国内革命战争开始，我党的秘书工作又进入一个历史时期。1948年7月，东北行政委员会办公厅先后颁发了《简明公文程式》《公文处理办法》。1948年9月，华北人民政府办公厅先后发出了《公文处理暂行办法》《办事通则》。同年，由杨尚昆拟稿、周恩来批改，中央发出了《关于中央收发电报的承办和归档问题的规定》。在这期间，文书处理日趋完善、系统，公文种类名称和行文关系更加统一，“一报一事”形成制度。

中华人民共和国成立后，党和政府对加强公文工作十分重视。1949年，中共中央办公厅发出了《关于文电处理工作的几项规定》，对文电发送份数、用纸格式及注意事项做了详细规定。1949年12月6日，《人民日报》发表了署名文章《关于机关文书工作的研究》。1951年2月1日，中央发出了《中共中央关于纠正电报、报告、指示、决定等文字缺点的指示》，这些文章和规定对机关文风的改变起了重大作用。1951年4月，中共中央办公厅和政务院秘书厅在北京召开了全国秘书长会议。1951年9月29日，政务院颁布了新中国第一个全国性的《公文处理暂行办法》，对公文处理的原则、公文种类、体式及写作要求等，都做了比较全面、具体的规定，其中规定了7类12种公文。1951年1月和1956年11月，中共中央和中共中央办公厅又先后发出了《中国共产党中央和省（市）级机关文书处理工作和档案工作暂行条例》与《中国共产党县级机关文书处理工作和档案工作暂行办法》。1957年10月，国务院秘书厅印发了《关于对公文名称和体式问题的几点意见（稿）》，虽是初稿试行，影响却很大。20世纪60年代，各级领导机关为改变公文文风做了很大的努力。1960年，中央发出了反对官僚主义的指示和提高会议、公文质量的指示。1964年，中共中央办公厅制定了《关于秘密文件管理工作的暂行规定》和《关于机要秘书工作的暂行规定》。之后，又有一些规定和文件，从1949年至1964年，270多个关于秘书工作的文件为各级领导机关减少公文、减少会议、提高公文质量起到了显著的作用。但是，“文化大革命”期间，党和国家之前建立起来的行之有效的公文制度被打乱，“假大空”之风到处泛滥，严重影响了公文的质量。

1980年4月10日，中共中央办公厅制定了《中央收发文件电报批抄、注办工作的原则和办法》。1981年2月27日，国务院办公厅发布了《国家行政机关公文处理暂行办法》，总结了新中国成立以来公文工作的经验，规定了9类15种文种，取消了“批示”等文种，将“决定”“决议”列为公文文种。同年5月，中共中央发出了《中共中央关于各级领导干部要亲自动手起草重要文件，不要一切由秘书代劳的指示》。1987年2月18日，国务院办公厅发布了《国家行政机关公文处理办法》，提出了新的原则（如党政分工原则），增加了新的文种（如会议纪要），规定了10类15种文种。1989年4月25日，中共中央办公厅印发了《中国共产党各级领导机关文件处理条例（试行）的通知》。1993年11月21日，国务院办公厅又发布了修订的《国家行政机关公文处理办法》，进一步调整完善了公文种类，对12类13种公文的解释又进一步科学化。1996年5月3日，中共中央办公厅正式印发了《中国共产党机关公文处理条例》，确定了14种公文种类。2000年8月24日，国务院又发布了《国家行政机关公文处理办法》，办法中确定了13种文种，从2001年1月1日起施行。2012年4月16日，中共中央办公厅、国务院办公厅印发2012年7月1日起施行的《党政机关公文处理工作条例》，对党政公文合为15种种类提出要求；5月26日，中共中央印发《中国共产党党内法规制定条例》；5月29日，中共中央办公厅印发《中共中央办公厅关于加强和改进党委督促检查工作的意见》；6月4日，中共中央办公厅印发《中国共产党党内法规和规范性文件备案审查规定》；10月21日，中共中央办公厅、国务院办公厅印发《关于建立健全中央重大决策部署贯彻执行情况监督检查机制的意见》。2016年11月3日，中共中央办公厅、国务院办公厅印发《国家电子文件管理“十三五”规划》。2018年，中共中央及中央办公厅又印发系列文件，进一步规范党内法规的制定、备案、解释、制度建设及规划要求。2019年，中共中央印发1月31日起施行的《中国共产党重大事项请示报告条例》。同年1月25日，中共中央办公厅、国务院办公厅印发《党政机关电子公文处理工作办法》，12月15日，中共中央办公厅印发《中央文件发布、阅读、办理和管理工作规定》。2021年4月16日，中共中央办公厅印发《中央文件制定工作规范》。2022年2月25日，中共中央、国务院印发《信访工作条例》，同年4月30日，中共中央印发《党委信息办理工作规定》。中共中央这一系列文件推进了党政机关公文处理工作的科学化、制度化、规范化。

从以上五个阶段的公文历史发展情况看，仅从文体来说，在相当长的历史阶段，变化就十分巨大。在我国古代，文种繁多，门类齐全，如颂赞类、群赋类、封禅类、诏策类、奏议类、铭箴类、檄移类、哀吊类、诔碑类、传状类、论说类、序跋类、杂记类等有十几类几十种。随着社会的发展、时代的变迁，某些公文文体因时代和社会局限而在历史发展中消亡了，如圣旨、诏、上谕、宪命等；有些文体因不适应人们表达需要逐渐被淘汰了，如章、奏、表、疏等；有些文体因带有封建迷信色彩，随着科学的进步也走向消亡，如祈、祷、谢、祠；有些文体因为交通工具的改变没有了存在价值，如驿传公文的证明文书邮符、驿站乘马的证明排马牒、驿站递送军机处公文时填写的单子排单等。

当然，更多的文体在历史发展中被继承了下来，并经过不断演变，成为今天的公文文种，而且随着社会发展，特别是民主化、现代化、市场化社会的到来，公文文种还在不断地变化。比如，指示、指令呈消退趋势，意见（建议）、方案（议案）呈上升趋势，函、会议纪要呈减少趋势，规定、条例、办法、细则使用频率趋高，专用请示与批复的使用明显减少，而泛指批复不断扩大等。作为公文写作者，既要注意这些变化规律，也应为探索和发展公文写作学贡献力量。

跳出公文处理的“问题陷阱”

公文处理是秘书部门数量最大、任务最重的工作，也是“问题”重灾区。公文处理“问题”的影响之大，难以估量，教训不胜枚举，务必着力克服。

我们来找出“问题”靶子，以求共克之。

其一，多头多尾。来文所报的单位数个，请求事项较急，打回去处理耽搁时间，各接文单位只好各自报领导阅示，结果领导指示要求不相统一甚至相互矛盾，往往出现“忙中出错”，导致来文单位无从办理，领导之间存误解，办文部门在“打架”。多尾现象也很突出，数个单位并报文件，但之前没有互相沟通协调，文中看不出各自要求和共同取向，似乎对事情都表示了重视，结果却定不出解决办法，很多成为“空文”。

其二，批示虚空。文件处理意见写了一大堆，实则都是空话，找不到办理的“入口”。或者是“如拟”满纸，秘书“专政”，最先一个秘书拟写的意见几乎成了最后决策的定论，自然，“划圈”现象、“公文跑腿”现象也很严重，文件在领导中“转来转去”，转完班子成员下来，许多已成“明日黄花”。“电话批示”越来越多，很多文件都标注：“××领导电示”云云，领导连文都没有看过，仅听秘书在电话或信息中所讲的三言两语，即发批示，可见工作作风漂浮之严重。当然，有些也是领导“留有余地”的高明之处，待有问题时以秘书“擅权”为由一推了之。

其三，不计成本。现代办公条件的改善给公文处理带来许多优势，办文的规范化、快捷化得到提升，但存在着设备闲置、利用率不高等问题。发文也是如此，网上已传输，又下发纸质文本，会议召开时，还要复印一次，成本不但没减下来，反而比过去还高。更不能忽视的一种倾向是，追求奢华，本来文件的“寿命”就很短，特别是很多的征求意见稿寿命更短，但却印刷精美，装潢考究，俨然正规出版物，其结果是三五天甚至半天一天就完成其使命，进了废物处理站。

其四，定密不准。公文密级一般分秘密、机密、绝密，同时标注时间段点。可是定密的随意性很大，基本上是由制文单位甚至写作者自行确定。很多定密单位没有相应的定密权限却随意标定。有定密权限单位定密时依据不充分，定密后也未经相应程序批准同意。有些高等级密级文件刚定一两天，就发布在公开媒体上了。有些标机密级文件，当天发给与会人员，但领导做报告时却安排电视现场直播。如果这种文件丢失了，是按照所标密级执行，还是尊重已广为人知的事实？诸如此类问题不少。

判断公文标题好差的“五看”

题好一半文。好的标题犹如人的“眼睛”，用得好，就能使人神采奕奕，让文引人关注。文学作品可以通过比喻、借代、拟人、对偶等方式来升华提炼标题，公文标题则以写实、精简、准确等为取向定位。如何判断公文标题取得好差呢?

一看是否规范。规范就是指合乎公文的有关规定。看公文标题是否规范，要把着眼点放在：第一，是否选准文种。如有些公文应该用“通知”的却用了“通告”。第二，是否自造文种。最常见的自造文种有“请求”等。第三，是否多用文种。有些公文将“请示”“报告”并列使用，有些公文将“决定”“决议”同时放在一个标题内，如“全国人民代表大会常务委员会关于决定任免国务院副总理、国务委员的决议”。既是已定事项，何议可作？用“决定”即可。

二看是否完整。《党政机关公文处理工作条例》规定：“标题。由发文机关名称、事由和文种组成。”

发文机关。公文都应该标明发文机关。有些公文通篇看不出发文机关，让人猜谜。有一个县上报了一份公文到上级纪委，公文没有版头，标题又只写“关于我县加强廉政建设的若干规定”。规定的内容很好，有推广宣传的价值，可纪委的同志不知道是哪个县的文件，只好一个县一个县地询问，费去了很多时间和精力。

事由。公文标题中的事由，是对公文内容的摘要。拟写事由应对公文全部内容进行概括，做到集中凝练。

文种。紧接事由之后应标明发文所用的公文种类名称。作为正式的发文，文种应统一规范地使用《党政机关公文处理工作条例》里规定的15种公文。

当然，也不必过分拘泥于要素完整的要求，把所有的标题都弄成“三要素”式。有些公文只要在适当处标出发文机关和文种就行，有些内容比较简单的公文，也可以只写发文机关和名称，或只写名称，不必写内容，如“布告”“国务院通知”等。

三看是否准确。标题首先应当准确地表达正文内容，不给人造成错误的印象，才能达到标题的目的。

公文标题一般都直接体现公文主题或主要内容，它不能像文艺作品那样采用含蓄的标题以引人入胜、采用幽默讽刺的标题以增加批评的力度和气氛。

四看是否简要。就是说，标题愈简单、愈不费解，愈好。简要的标题具有醒目、通俗、易记的特点。如，有一篇叫作《中共遵化县十区委员会贯彻“书记动手，全党办社”的经验》的文章，后来收入《中国农村的社会主义高潮》时，标题减掉了15个字，简化为《书记动手，全党办社》。

毛泽东很注重公文的标题，常常亲自拟写公文标题，或改写别人拟制的标题，如一篇材料原题是《天津市东郊区詹庄子乡民生、民强农业生产合作社如何发动妇女参加田间生产》，毛泽东挥笔改为《妇女走上了劳动战线》，原题33字，改题后只用9个字，简单明了，又抓住了主题，读者一看就有印象。又如，有一篇材料原题为《大泉山怎样由荒凉的土山成为绿树成荫、花果满山？》，毛泽东改为《看！大泉山变了样》，多么吸引人！（逄先知《怀人说史》，生活·读书·新知三联书店，2019，第28页）

当然，标题字数多少是相对而言的，并不是说字数少就是好。讲求标题简要也不能走向极端，出现因苟简造成晦涩的毛病。

五看是否生动。生动就是要用最短的文字，鲜明地、突出地表达文义，使人一看就会产生兴趣，想进一步看看正文。要达到生动的目的，在用词上应加以选择，不要用老套表述。下面这个标题就很生动：《中共中央纪律检查委员会关于严肃党纪，杜绝“关系户”不正之风的通告》。

1955年11月2日《河南日报》发表了一篇文章，叫作《南崔庄依靠贫农实现全村合作化》。这是一篇写得很好的文章，它生动地记录了这个地方的党组织坚决支持贫苦农民办社要求走合作化的道路，在和富裕中农的竞赛中取得了胜利，由小社变大社，年年增产，不到3年，实现了全村合作化的过程。这篇文章的标题大致上是概括了它的内容的，缺点就是比较一般化，战斗性和生动性都差些。后来，这篇文章被收进《中国农村的社会主义高潮》一书，毛泽东把标题改为《谁说鸡毛不能上天》。这个标题改得确实好。要把几千年来的个体经济引向合作化的道路，这是中国历史上从来没有过的大事，必然会受到反动阶级的反抗、旧的习惯势力的阻挠。文章中写到，富裕中农说话了：“穷光蛋想办合作社喱，没有见过鸡毛能上天。”鸡毛能不能上天的议论，实质上是社会主义和资本主义两条道路的斗争。“谁说鸡毛不能上天”这个标题抓住了斗争的焦点，点明了文章的主题：“穷人要翻身了。旧制度要灭亡，新制度要出世了。鸡毛确实要上天了。”它立意高，思想深，倾向性非常清楚，立场十分鲜明，因而具有很强的思想性和战斗性。

总之，我们应当把公文的标题从呆板的模式中解放出来，使公文的标题充满生机，富有吸引力，尤其是总结、工作简报、调研报告、讲话稿的标题规定性、程式性不那么强，发挥的余地更大，应当尽量运用多种修辞手法，借鉴文艺体裁的表现形式和技巧让标题拟写得更贴切、巧妙、形象、生动。

走好公文“最后一公里”

最近，网络曝出几则公文出错的事，为此中纪委官网发声：公文出错事非小。这是因为，继南京此前一则文件误将“湖南省张家界市”写成“湖北省张家界市”后，类似错误又发生在吉林长白山的政务公众号上。2021年7月30日，“长白山发布”微信公众号发布的一条新冠疫情管控公告，包括标题在内，共计7处出现“四川省重庆市江津区”的错误表述。此外，国家部委的司局级批复文中也有发给“广西省”的（应为：广西壮族自治区）。这种“一失足成千古恨”的问题不少。这些问题的产生既有政策水平、业务知识和工作作风的问题，也有不重视公文校核的因素。

所谓校核，即是校正、修改、加工和核对，它是公文发出前的“最后一公里”。校核工作的范围很宽泛，既可以追溯到公文形成之前的决策背景、会议记录、领导讲话，也要虑及公文出台后的作用，从而准确地把握和实现行文意图。这是校核工作的出发点和落脚点。

从具体涉及的内容看，校核的重点应放在法律、政策、材料、文字、逻辑、格式等方面。通过校核，确定公文与国家法律一致，对法律的引用、阐述准确无误；确定公文与党和国家政策一致，包括新定政策与以往政策的连续性，与相关政策的关联性以及在运行过程中的可行性；确定公文材料的真实性、准确性、完整性。同时，要文字规范，逻辑严密，格式正确。只有通过对这些内容的校核，才可能完整、准确地反映行文机关的意图，也才能保证公文发出后产生积极的作用。

公文从拟制、办文、复核、登记、印刷到核发，环节多，层次多，不连贯之处、错漏之处难以避免。相当多的人重视公文的拟制，而忽略校核工作，因而校核的地位不重要，受重视的程度不够，配置的力量有限，使得公文最后一道程序把关不严，质量大受影响。因此，加强校核工作十分紧迫和重要。

秘书工作者要正确认识校核工作在公文制发中的地位和作用，树立对社会、事业和工作的强烈责任感，明确校核工作的标准和要求，从而形成重视校核工作的氛围及制度，使校核工作贯穿到公文制发的每个环节，人人校核，个个尽责。同时，秘书人员要树立敬业奉献精神，培养浓厚兴趣，热爱工作，把校核作为一项事业来干，才能干好。

做好校核工作，需要不断提高业务素质。我们现在面临的是一个变化极快、发展多元、信息如潮的社会，新情况、新问题、新变化、新知识层出不穷，如果校核人员不注意自身各方面素质的提高，知识面不广、接触面狭窄，就很难胜任这项工作。

公文校核工作还是一项政治性很强的工作。因此，对政治性的提法、用词要格外用心，尤其是对政治性的反义词、同素词更要反复核查对比，如左派—右派、唯物主义—唯心主义、路线—线路、会议—议会、法国—国法等。重要会议用词必须十分留意，如“十四届全国人大一次会议”，不能写为“全国十四届人大一次会议”，而“全国政协十四届一次会议”，却不能写为“十四届全国政协一次会议”。人大代表提的是“议案”，政协委员提的是“提案”。人大代表是“审议”政府工作报告，政协委员是“讨论”政府工作报告。民族性用词的政治要求也很高，不可有一字之误，比如把少数民族自治区称为“省”，把“摩梭人”误为“摩梭族”、“苦聪人”误为“苦聪族”，等等。校核结束后必须按程序报批，没有经过最后审定的文稿是绝对不能印发的。这是必经程序，更是纪律规定。

“文经我手无差错，事交我办请放心”已成为做好秘书工作的共识和追求。只有走好公文制发“最后一公里”，才会保证这个要求得以落实。

六、克服公文的不正之风

重树良好的公文文风

“泡沫”讲稿（假）、表态发言（大）、“捉刀”文章（空）成了当前人们抨击公文写作中的三大不良文风。其实，自有文章以来就有文风问题。过去能写文章的人少，文风问题还不是社会性问题，没有那么引人关注，只是“文人圈子”中的事。历史发展到今天，有文化的人都能作文了，文风问题就越来越严重起来，社会关注度也就越来越高。

有史以来文风的标准提法很多，其中不乏精辟论述。正因其多且杂，不易为人所理解和把握，我们对公文文风做点梳理，提出四个方面的衡量标准。

一、针对性·可行性·规范性·创造性

毛泽东主席提出文章要有鲜明性、生动性和准确性，这是文风最高最好的标准。现提出针对性、可行性、规范性、创造性问题仅仅是毛主席“三性”的题中之义。

公文是针对具体事、具体要求和具体人制发的，特别强调实事求是、联系实际、解决问题。因为针对性不强最后不了了之的公文不少。公文缺乏针对性，根源是不敢与群众对话、与事实对话、与问题对话，不敢揭露矛盾，不敢明断是非，也不敢直言真情，只是泛泛地讲道理，原则性地提要求，应时应景地发文件，模棱两可地定措施，结果文不对题，无的放矢，成为废文。

公文的知照性说明了内容是要人遵守执行的。因为可行性不强，不少公文引出了笑话。要使公文具有可行性，就要在公文的适时、适用和适宜上下功夫。如果春耕生产季节已过而发出抓好春耕生产的公文就不适时了。适用，强调在发文范围、对象与要求上规定合理。适宜，就要在接受程度、执行力度和推动难度上定位定性恰当。涉及专业领域的公

文，在可行性上应特别地慎重。

公文规范性是区别其他文种的一个特性，即便是学术论文在规范性内涵上也与公文有诸多不同。规范有形式上的标准，更多的是内容上的要求。其最重要的体现是符合法律规章，有承前启后的逻辑统一关系，对涉及的方方面面统筹兼顾、没有矛盾，口径一致。规范性还要求公文格式相对统一，不能今天是一个样明天又一个样，甲单位一个样乙单位又一个样。当然，也不能千年不变，千篇一律，而是与时俱进，适时创新。

公文有没有创造性？这是公文写作中一个并未达成共识的问题。其实，无论内容还是形式，公文都伴随时代的变化在不断出新，不断变化。在新的历史时期，公文更应随着时代发展而不断创新，使之更好地服务时代，服务人民，服务基层。

二、真话·新话·短话·趣话

真实性是公文的生命。遗憾的是，公文写作中“假、大、空”成为一个较严重的问题。很多公文使用未经核实的材料甚至编造材料，领导讲话稿中随意提目标、口号、战略，给人“大而不当”的感觉，以致群众不敢相信，失去了公信力。“能说不能做”“好听不好用”成为领导讲话稿的通病。这些现象的突显，使讲真话成为公文文风的第一要求。讲真话是一个国家工作人员、一个共产党员从政做人的基本要求。讲真话也不难，无非就是讲点“心里话”，讲点“大众话”，讲点“人性话”，多深入基层，敢坚持真理，善摸清真情，能讲出真见。

有些公文虽然都是真话，但尽是“老话”“套话”“大话”，抄上级文件，拾他人牙慧，套流行提法，整个文件思想贫乏，模式八股，陈词滥调，使人难以卒读，难以领会，难以执行，以至于讲新话成为公文文风里呼声较高的一个要求。新话不是漂亮话、时髦话、应景话，而是能够一语中的、打动人心、顺应时代、解决问题的话。讲新话需要勇气。因为新话没人说过，把握性不大，争议性较强，正确性尚未完全显现，“官员”不会说，“政客”不敢说，“聪明人”不愿说，“小人物”没机会说。讲新话还要深入实际，吸取火热生活中闪光的语词，总结工作中新鲜的经验，发现一线中优秀的典型。如此，才会提炼出简洁清新、洗人耳目的好论点、好句子、好结论，引人关注，使人提神，感人肺腑，令人喝彩。

讲短话是最受欢迎的。简洁明了的阐述、言简意赅的说明、直接入题的话语最能打动人，最有感召力。讲短话的要求很高，往往比讲长话难，因为只有思想缜密、层次分明、简洁生动才能达到。如果都是那种“一国际二国内三外地四本地”模式，怎么能短下来？如果每次讲话都来几个“尊敬的”、几个“在……下”，如何简洁得起？如果次次都是“一重视二提高三加强”，逐条罗列，又岂能压缩篇幅？公文也好，讲话也罢，没有新话，不要“硬挤”，提不出新要求，不要“再补充”，讲不出新语言，不要“炒旧饭”，不是责任所在，不要“随便讲”，真正做到有话则长，无话则短，简洁、简明、简捷。

其实，公文最不应该“板着面孔说话”，故作高深，摆官架子，而应讲点生动的话、精彩的话、幽默的话，简言之，讲点“趣话”。“胸无点墨”讲不出“趣话”。话为什么有趣？靠的是知识含量大，表述方式新，精彩语言多，演说技巧高。没有“百姓思维”讲不出“趣话”。不注意学习群众语言，对生活中生动出彩的事不留心，不贴近基层、贴近群众、贴近实际，仍旧是“学生腔”，都去做“文抄公”，满篇是文件话、奉承话、客套话，都是没有个性的话，都是老百姓不讲的话，都是干部们听腻了的话，自然无趣。思想不解放也讲不出“趣话”。与时俱进，思维开阔，敏于思考，勇于交锋，才会有思想的闪光点，才会有引人共鸣的吸引力，才会有与时俱进的新表达，也才会令人耳目一新、使人茅塞顿开、催人精神振奋。

三、言之有物·言之有理·言之有序·言之有力

言之有物是针对“空话”而提的。公文空洞无物、又长又臭是一个老问题，新形势下又出现新现象，比如，因为电脑普及，很多公文复制抄袭，很多公文网上定制，很多公文层层相依。为什么会如此？或是没有深入实际调研，对客观存在的事实无从知晓，拿不出第一手材料，腹中无物自然就言之无物；或是对问题没有深入思考，思想贫乏，浅尝辄止，自然就谈不出真知灼见；或是依赖偷懒，在电脑上找范文套事例，自然就不能有效结合本地的实际。要做到言之有物，也没有什么绝招，就是要融入群众，蹲在一线，深入实际，掌握事情的来龙去脉，了解对象的

方方面面，收集典型生动的材料，然后从理论和实践结合上讲清讲透。

很多公文原则性话语很多，周知性道理很多，说教式表达很多，就是缺事理、情理和法理，言之无理。全国政协前主席李瑞环提出干工作要“务实求理”，强调的就是要“悟理”，善于发现工作的特点、规律和发展趋势，从而提高认识能力、写作能力、表达能力和驾驭能力，提出推动工作的指导性意见和普遍性要求。

公文就要因事论理，以理服人，但说理性文字也不能太多，特别是要少用那些理论性很强的术语，只适当地提出要求的道理、依据即可。这其中，综合分析材料的功夫和概括提炼观点的能力如何决定了能不能言之有理。如果像李瑞环所讲的那样“就是要将繁杂、零散的材料掰开了、揉碎了、摆正了、捋顺了。要分好类、排好队、归好堆、论好辈，不断地分，来回地分，边分边合，分分合合。”（李瑞环《务实求理》，中国人民大学出版社，2010，第986页），这样做，分析概括能力就强了。实践表明，善于总结提升基础材料，善于找到事理真经，善于升华意境文采，行文起来道理、法理、情理也就在其中了。

言之有序，强调的是叙述的主题要集中，层次要分明，措施要简明，让人一目了然。很多问题本来并不复杂，三言两语就可以表述清楚，但有些公文硬要摆出许多名人之论、基本原理、外地做法，拐来拐去，很久才入题，令人费解。做到言之有序，就要全面了解事物的整体，不能断章取义，不能片面极端，而是按照事物发展的先后、大小、上下有条有理地叙述；就要抓住重点，从个别到一般，从部分到整体，由表及里，由此及彼，按照提出问题、分析问题、解决问题的顺序剥笋式地讲清原委，使人一看就明白，一听就清楚，一做就有效。自然，把时间、地点、要求和其他事项交代清楚，段落层次之间衔接紧密呼应，也是必要的。说到底，只要抓住了事物的本质特点，发现了贯穿事物整个过程的脉络线索，就能言之有序。

马克思主义经典著作中，蕴涵有雄辩的逻辑力量、生动的文学语言和辛辣的反驳嘲讽，正因如此，这些著作的生命力、影响力穿透时空，影响深远，而我们的很多论文特别是公文对事物没有旗帜鲜明的观点、爱憎分明的立场和敢讲真话的勇气，“力”出不来。

言之有力自然要借助文字的精彩。高昂的气势、坚决的态度、鲜明的观点、具体的要求无不体现在准确、生动、鲜明的表达中，体现在感情丰富的独特语境中。当然，也要注意，不能过分注重语言的“排场”，过分讲大道理，过多堆砌词语，过滥提高要求，虽然对仗严格，用词时髦，由头很大，语气很硬，公文也容易走向“长、空、假、大”。“满塘荷叶一点红”，一篇公文只要有几句精彩话就能使全文意境升华、鼓舞人心。

讲真话、道实情是言之有力最大的源泉和保证。很多写作者以为可以靠推敲句式来形成文件的“气势”，靠讲多少上级文件依据和引用多少名人论述来“壮胆”，靠转述多少其他地方的好做法好经验明证其“正确”，其实大谬。事实是最有力的依据，数字是最好的说明。如果拿不出无可辩驳的事实和数字，用多少漂亮的词句也掩盖不了苍白的“面目”，给人的印象依然“四肢无力”，何谈言之有力！

四、作风·话风·会风·学风

作风、话风、会风、学风与文风是一体的，分不开。在延安整风运动时，毛泽东主席还将文风和其他几风与党风联系在一起，足见这几风问题的广泛性、重要性和严重性。

作风决定文风。思想懒惰的人对问题的思考不会穷追不舍得出新见，对问题历史性复杂性的一面舍不得下功夫弄个清清楚楚，因而，谈问题就谈不透，见矛盾就绕着走，只能拿大道理唬人，搬上级文件压人，套原则要求蒙人，讲普遍道理哄人，结果是恶化了文风，败坏了形象，影响了工作。

作风漂浮的人很少深入实际，对基层生动的典型不接受，对新出现的问题不研究，对复杂的事件不解剖，靠主观主义、经验主义、教条主义应付门面、处理事情，结果只能是话不沾边，文不对题，事不知理。说到底，改变文风先从转变作风开始。

文风关乎话风。有些人总以为，表现站得高，那就要讲得多、讲得全；表现看得远，那就要讲得长、讲得大；表现想得深，那就要讲得久、讲得细。因而，一讲话，不讲一两个小时不过瘾；每提笔，就洋洋洒洒上万字，不写几十页讲稿不罢手。这些冗长恶习害人不浅。

在领导层中，求稳怕乱思想是有一定市场的，有些人为保险之计，从不讲自己的话，不讲百姓的话，不讲管用的话，更不讲“出格”的话，每见稿子有新词语新提法必要查问出处来源，上级没提过的不给用，领导不肯定的不敢讲，文件里未见的要删除，真正是“以其昭昭，使人昏昏”。也有些领导特别是一把手“婆婆”思想严重，每次讲话生怕漏掉点什么，面面俱到，不管与会议主题有关无关，总喜欢“借此机会”说点其他，总顺带“特别强调”这事那事，这样的话风岂不使会议冗长而散漫？

会风是文风的表演场。很多会议议题模糊，与会人员随意，议程复杂，讲话者众多。你讲他讲我也讲，你高度评价我，我热情吹捧你，讲贯彻落实的意见时大量复述刚刚落音的领导讲话内容，时间也往往长过了主要报告。有些领导在会议讲话时照本宣科，几十页的稿子一字不漏地埋头念完，稿子个个有份，内容人人皆知，尚如此，请播音员念岂不更好？

如果开会不搞那么多排场，不管大小会长短会，不要分什么主持人、主报告、主要领导，就不会有那么多讲话，讲那么长的话。有事就开会，开会就直奔主题，不兜圈子，不绕弯子，不念稿子，文风焉能不正？

一个人的学识修养和为人品德自然会体现在为文讲话中，所以，有什么样的学风就有什么样的文风，要想有好的文风，还是要回到学习上，回到读书上，回到思考上，回到良好学风上。

文风好坏取决于思想方法和人生态度。许多人之所以套话连篇，空话无物，大话震天，其实质就是识见浅陋，视野不宽，思考不深，看人看事不正确、不深刻、不全面，所以，词句少，见解少，举措少，真货少。

当今时代，情况瞬息万变，知识无极变速，生活日新月异，新问题、新现象层出不穷，如果不与时俱进，努力掌握新知识、新方法、新要求，势必就会落后于实际，就会产生讲不出新颖的话、正确的话、生动的话的情况，就会生出许许多多文风不正的“怪胎”来。

文风问题是一个复杂的永久的问题，一个时代有一个时代的特征。文风问题不只是文章写作的单一问题，本质上是思想路线、理论修养、思维方式、学习态度、工作方法问题。文风的好坏关键在人。新近一段时间以来，广大人民群众对文风问题意见尖锐，全党上下高度重视，整个社会都在合力针砭时弊，全力端正文风，努力重树标准，相信新时期的公文学界将会吹起一股股清新之风。

公文的不正之风

文风是带有普遍性、倾向性、时代性的文章写作与风格表现。客观地说，长期以来，文风不正的现象，官僚主义、本本主义、文牍主义、形式主义的东西不是少了，而是多了。

从目前看，文风不正突出表现在以下四个方面。

一、长与空

群众形象地描绘“长而空”的公文现象为“开门不见山，帽子戴顶端，过渡一大套，几层一二三，陈言又滥套，管你烦不烦”。的确，有些公文生硬、枯燥、冗长，空洞的、武断的、文理不通的现象还未绝迹；有些公文泛泛议论，不着边际，照抄照搬，没有见地，多是套话，脱离实际；有些公文堆砌材料，不分主次，面面俱到，毫无头绪，以至“长而空”。这些毛病缘于写作者不善于“用事实说话”，只是用充满抽象的原则和引证，一大堆说教，没有具体生动的事例。正如著名作家老舍所指出的：“大家写东西往往喜贪长，没经过很好的思索，没有对人与事发生感情就去写，结果写得又臭又长，自己还觉得挺美——‘我又写了八万字！’八万字又怎么样呢？假若都是废话，还远不如写八百个有用的字好。好多古诗，都是十几二十个字，而流传到现在，那不比八万字好么？”（老舍《出口成章——论文学语言及其他》，辽宁人民出版社，2011，第54页）。

毛泽东主席最反对文章“长而空”，他把空话连篇作为党八股罪状中的第一条。他说：“我们有些同志欢喜写长文章，但是没有什么内容，真是‘懒婆娘的裹脚，又长又臭’。为什么一定要写得那么长，又那么空空洞洞的呢？只有一种解释，就是下决心不要群众看。因为长而且空，群众见了就摇头，哪里还肯看下去呢？”“有些同志在前方也喜欢写长报告，他们辛辛苦苦地写了，送来了，其目的是要我们看的。可是怎么敢看呢？长而空不好，短而空就好吗？也不好。我们应当禁绝一切空话。”（《毛泽东选集》第三卷，人民出版社，1991，第833—834页）。邓小平历来反对文章长而空。他说：“现在有一个问题，就是形式主义多。电视一打开，尽是会议。会议多，文章太长，讲话也太长，而且内容重复，新的语言并不很多。重复的话要讲，但要精简。形式主义也是官僚主义。要腾出时间来多办实事，多做少说。毛主席不开长会，文章短而精，讲话也很精练。周总理四届人大的报告，毛主席指定我负责起草，要求不得超过五千字，我完成了任务。五千字，不是也很管用吗？我建议抓一下这个问题。”（《邓小平文选》第三卷，人民出版社，1994，第381—382页）。邓小平的文章就是短而精的典范。他绝大多数文章只是1000字左右，即便是《在中国共产党全国代表会议上的讲话》也不超过4000字。而且，他的文章注重把理论和实践结合在一起，以事见理，以理说事，语言通俗易懂。像领袖人物这种精而短的文风就是公文写作者的楷模！

二、假与高

有些公文在表述成绩时任意拔高，用尽最好的词。如，不论事情大小，一律在文中提“党政一把手亲自抓”“认真全面贯彻”“深刻认识”“狠抓了”“最”“特大”“历史上首创”等，无限拔高，违反事实，违背逻辑，使得工作中形式主义滋生；有些公文任意创新，提出一些未经仔细推敲的战略、口号、目标、任务，结果不是与党和国家在某一时期的工作方针政策相抵触，就是不切合实际，成为空话。一些写作者为了追求公文的生动和完整，对所掌握的点滴材料添枝加叶，任意使用，甚至编造假材料，以图达到获表扬、受奖励及升官调职的目的；一些写作者为了突出一个地方、一个单位的事迹，采用张冠李戴、移花接木的手法，把本来属于不同地方不同单位的材料硬凑在一个地方或单位，把不同人身上发生的事硬套在一个人身上，制造假典型。据报载，某地欲建一礼堂，正值中央禁止新建楼堂馆所。该地有关部门便紧锣密鼓与发展改革委、建设局等唱“双簧”，补发了一个又一个请示、报告，使得礼堂筹建、批准和开工时间都提前了一年多。如此种种，都是公文写作中“假与高”的表现。

公文是处理实际事务的，它的内容必须符合党和国家的方针政策，切合实际情况和代表人民群众的根本利益。因此，写作者一定要克服“假与高”的思想和行为，对公文的语言、材料等要格外地慎重对待，以免一语不当，贻害无穷。

三、穿鞋与戴帽

不少写作者在公文中大段大段地、成篇成篇地摘引上级公文、报刊文章和下级单位上报的事例，没有自己的新材料、新经验、新语言。华君武1982年7月有一幅漫画《文章三字经》写出了这种公文的“形象”：“头戴帽，甲乙丙；脚穿靴，己庚辛；谈见解，抄书本；问观点，找古人；写文章，打补丁；作报告，半天整。”

的确，有些公文不能说没有观点，但这些观点是来自上级的，写作者并没有深入社会现实生活，进行充分的调查和研究，了解群众每一个时期的思想动态和工作中的实际问题，没有把这些思想动态和实际问题提高到理论上进行分析，提不出自己的观点。

有些公文不能说没有政策，但都是上级已经制定出来了的，写作者只是照搬照移过来罢了。这种情况群众称为尽说“北京话（普通话）”。写作者没有积极地深刻地阐明上级政策的正确性，通俗地解释政策的含义，反映本地在贯彻执行政策中的具体措施、问题、成绩与偏差，对群众理解政策和执行政策没有帮助，这种情况群众称为不懂“方言（地方话）”。有些公文不能说没有事例，但这些事例是现存的，是写作者为了“联系实际”硬加上去的，或者截取其他材料而来的，不是自己调查而来或经过鉴别验证的，群众称之为穿大或穿错了靴子。

四、陈旧与俗套

公文的陈旧与俗套，主要指“三老”（老调调、老套套、老框框）、“三离”（离实际远、离群众远、离生活远）和“三无”（无深度、无层次、无新意）。

公文陈旧与俗套的主要原因，是缺乏时代特色，跳不出公文的框框，摆不掉上级文件的模式，不懂或不善于结合实际和新的形势，写不出富有创见、富有个性、富有新意的公文。我们常常看到一些单位的总结性材料，除了一些数字有所不同之外，几年一个样子，文字粗陋，内容粗浅，体式总离不了“三段论”（有什么成绩，怎样做的，今后怎么做），看不出有什么新的做法，新的成绩，新的问题。如，有些开展学习雷锋活动的文件，20世纪60年代怎么提，20世纪末期也怎么提，21世纪了还是怎么提，上面怎么讲，还是跟着怎么搬，没有写出在新的历史条件下，尤其是在中华民族伟大复兴征程中学习雷锋精神的时代意义。再如，有些开展冬修水利的文件，除了数字和个别地点不同外，年年老样子，写不出大灾之年或丰收之年与水利的不同因果关系，写不出新的要求，提不出新的举措。这样的公文自然陈旧又俗套。

还有一种现象，有些公文尽管内容是新的，但所提的口号响、离实际远，大话多、离群众远，内容空、离生活远。有些公文尽管有新内容，也有新举措，但由于不注意吸收新语言，新提法，表述、格式都很陈旧，跟不上时代的步伐。

列宁曾评论这种文风说：“庸俗化和浅薄同通俗化相差很远。通俗作家引导读者去了解深刻的思想、深刻的学说，他们从最简单的、众所周知的材料出发，用简单易懂的推论或恰当的例子来说明从这些材料得出的主要结论，启发肯动脑筋的读者不断地去思考更深一层的问题。”因此，他不止一次地强调过：“对人民不能咬文嚼字，而要讲得通俗易懂。”“应当善于用简单、明了、群众易懂的语言讲话，应当坚决抛弃晦涩难懂的术语和外来的字眼，抛弃记得烂熟的、现成的但是群众还不懂的、还不熟悉的口号、决定和结论。”（《列宁全集》第五卷，人民出版社，1989，第278页）要克服陈旧与俗套，文艺创作应如此，公文写作也应如此。

以上种种不正之风都是写作公文时必须克服的。

反对拿腔捏调的文风做派

形式主义、官僚主义、享乐主义和奢侈之风的集中表现，群众称为“门难进、脸难看、话难听、事难办”。其实还有一种现象是“文难懂”，这既是“党八股”在新时期的突出表现，也是脱离人民群众的不正之风，更是我们党始终要根治的文风顽疾。文风连着作风，作风体现党风，对此，我们不可等闲视之。

“文难懂”的集中表现就是文病越来越多，文章和讲话不管目的、不看对象、不分场合、不问效果，讲官话不讲人话，讲长话不讲短话，讲空话不讲实话，诸如此类的拿腔捏调的做派不少，因而群众读不懂、读不下去、读不出精气神，“相看谁都厌，只因‘文难懂’”。产生这种现象的原因何在呢？

不接地气。很多文章和讲话“不食人间烟火”，没有百姓思维，没有百姓语言，没有百姓生活，“讲民主不讲民生”，不顾实际，不述民情。不少以农民和基层为对象的文章和讲话充斥着洋词、简称，夹杂着常人难以理解的专业用语，群众对此敬而远之，基层干部只好“束之高阁”，真是“此曲只应天上有，人间难得几回闻”。

没有灵气。时代的洪流举日奔腾，火热的生活激情燃烧，中国梦的愿景催人奋进。可是，不少文章和讲话却依然老套陈旧，老气横秋，官话空话假话这些文风之诟，令人生厌，令人无奈，而且这种缺少新意和追求的风气已蔓延开来，照抄照搬成为“作文诀窍”，上行下效成为“规范要求”，回避问题成为干事“潜规则”，上传下达成为“办公宝典”，循规蹈矩成为“成熟标准”。这样的文风和作风何其有害啊！

缺乏生气。文章和讲话板起面孔说话，“八股味”很浓、“娘娘腔”十足、“行政气”满篇，冷酷无情，不容商量，数字遍布，难以卒读，打动不了人心，催生不起激情，碰撞不出火花，又怎么能起到引人入胜、化解心结的作用，达到交流思想、凝聚共识的目的？当然，生气不是无谓的调侃、低俗的幽默和哗众取宠的作秀新招。只有心怀对人民群众的深厚感情和对宏伟事业的强烈追求以及对未来生活的美好向往，才可能淀化为生机勃勃的新文风，才可能形成团结奋进的好作风。

未具大气。许多文章和讲话虽然写大标题、扎大架子、提大口号，但啰唆冗长，包罗万象，目标蓝图令人眼花缭乱，叠床架屋使人高不可攀，却没有高度、广度和深度，只能靠耸人的标题、雷人的词句、火爆的话题和震天的口号来引人关注，博取掌声，经不住逻辑推敲，经不起风雨洗礼，经不得历史拷问。群众用“西瓜大的壳，芝麻大的核”，“听起来很有道理，琢磨起来毫无意义”，“说起来头头是道，干起来无从下手”来无情地进行揭露、直白地表达厌恶和不留余地地展开鞭挞！我们的党员干部能闻之不动容？知之不整改？

挑战“文难懂”现象

“文难懂”成为不正文风的集中表述和顽症。这种现象是不是引起了多方面的高度重视？对其突出表现是不是都心中有数？我们不妨来罗列其症状。

“无三不成文”与“大开头”

公文难读，结构雷同是一大原因。“无三不成文”几乎成为讲话稿和政策性公文的“通病”，其导致的不是“面目陈旧”，而是“面目可憎”了。很多材料三个部分就是三段长长的文字，其中包括着许多的“一是二是三是”或“一要二要三要”，也不贯气，不是一句一句扣住中心和题意讲，而是想到哪儿说到哪儿，忽东忽西，忽高忽低，令人不得要领。最近一段时间，不少高级领导干部率先做“十分钟讲话”，他们是打破这种现象的实践者、示范者，很值得学习。

开头对文章的意义，包括对公文的意义已不用重叙。现在的许多公文和领导讲话，久久不入题，“客气话”一大堆，领袖人物语录一大段，强调的观点一系列，发文依据“一火车”，各级领导讲话的主要观点一层层，什么都想堆在开头，这样开篇，结果还未入题就令人眼花缭乱，听了半小时还如堕云雾中，看完开头也不得要领。

“拆分”与“雷人”

新时期文学界出现了“碎片化”现象，写小题材，写小人物，写小角度，似乎“大而不当”，大就令人反感，以致往小写成为一种时髦。公文也是如此，堆砌词语成为一种时弊，每一种提法都尽可能地同义反复，一个词一定要“拆分”成排比式的若干个词阐述，故意重叠，故作高深，故弄玄虚，其实并没有真正的逐层深化。比如“态势、趋势、形势”，这三个词有什么大的区别吗？又比如“正直、正派、正义、正道”有必要同列这么细来阐述吗？没有！但一分开用，似乎学问就有了，水平就出了。类似的例子举不胜举，其实都是写作者的文字游戏，是在文字上刻意出新所致，当然也是一些领导思想浅薄的表现。

词语“雷人”现象更是“触目惊心”，主要有四种表现：目标虚空、词语洋派、生编硬造、霸气十足。讲目标大过天，提措施“吓死人”，决策没有论证，举措不管可行不可行，结果不论好或坏，以致出现183个地级市提出建设国际大都市的“国际笑话”；本来中文有很适合的词，却喜欢用英文，甚至缩写，也不注明中文意思，如GDP、CPI、CAN证书、活力SPA健身中心之类，成为基层干部特别是农民的“拦路虎”，令他们为之瞠目，不知其义；明明一句话说全了很明白，但一省略一简称就歧义不清了，如人口流动管理办公室简称“人流办”，太平洋保险公司简称“太保”，随便生造词语，使公文语言的通俗性、规范性、普及性大受影响；很多领导把讲话稿和公文当作表达自我权力的载体，没有人本思想，没有“公仆”意识，没有换位思考，没有百姓思维，通篇尽是不容商量的“必须”、高人一等的“指令”、冷漠无情的“要求”。诸如此类，反映出的是一种什么干部素质？体现出的是怎样的党政机关形象？

“不讲道理”与“说了不算”

不讲道理的现象很严重，有情况没有综合，数字一串一串的，但不归纳，说不清事情，或者是有综合有观点，却没有实例、情况，不是具体细碎就是空洞无物。整篇文章都是由概念、结论和要求性语言组成，只见“骨骼”不见“血肉”。不见因由，尽是要求，结论下得很突兀，尽显“强势”，使人不明就里，没有亲和力，没有人情味，更没有人生智慧。

这与平时不注意积累材料有关。写时紧急催各单位上报情况，而各单位或者应付，或者写作的同志能力不够、视野不宽，写出的东西并没有代表性，也不合用，结果综合出来的材料很难反映全面和深层的情况。比如，讲节能减排问题，只说数字不讲原理，没有从财政、企业获得上级奖励来佐证成效，更没有从技术创新的角度讲清作用，看不出其中的道理，弄不明白里面的逻辑关系，自然说服力就小了。

此外，公文的“公信度”成为时代问题，特别是领导“说了不算”

成为一大流弊。领导讲话经过论证和会议讨论的越来越少，头晚秘书写出的“急就章”，领导第二天早上登台就讲，通篇都是工作部署和要求，有谁敢相信？有谁愿落实？结果领导“念”完后，领导本人和相关部门并不当真，更没有具体安排和措施跟上，甚至相当高层的领导讲话中提到的事，事后基层单位找部门衔接也无人理睬，最后所提出的事不了了之，讲话与干事成了“两张皮”，群众对此很反感。

上列数症，必须及时治理，很有必要打一场“文难懂”现象的攻坚战，力求在“节文减字”上取得大突破。

文风转变小处始

公文文风是一个时代的风向标，是发展趋势和欣赏趣味的正能量。看时风变迁，要看文风；看文风走向，要看公文。转变文风既是一个历史性任务，又是一项时代性工作，因而，文风转变要时刻抓在手中、永远走在路上。

公文文风如何转？既要从思想内容、工作作风的高度入手，又要从选词用句、语气文势这些小处做起。

不能老靠那“三五下”

公文开头总爱用“三五下”来开路，“在……领导下”“在……关心下”“在……指导下”“在……支持下”“在……帮助下”，不把想到的前提条件列举完，就不敢入正题谈正事，总担心没有平衡好上下、兼顾好左右，总担忧被认为不懂规矩、心里没他人。近几年，虽然此风有所改变，但是遗风犹存，套路依旧，不提这讲那，不知道如何开头，在领导那里也很难“过关”。

我们党和政府的体制机制是相对固定的，集体领导和单位团队合力干好事业是基本的要求，如果是常态性的领导、指导、支持、关心、帮助，完全可以略去不提。不提不等于上级不认、群众不懂。开门见山地谈事情摆问题讲道理提建议，岂不清风送爽，畅意达情，清简务实！

“数字当头”应该辞行

公文的结构成了“中药柜子”，这一被毛泽东主席大加鞭挞的“八股症”，至今未改。三段论，三层级，叠床架屋，梯次排序，几成文章模子。文章中数字遍布，令人眼花缭乱；数字排位，使人难以卒读。许多公文真正是“几层一二三，组合成文章。各点没联系，不知讲什么”。

一篇公文，讲成绩，一个又一个数字串联，增长总值、增长率、占比率、同比数……既弄不清成绩取得之渊源，又看不出特点表现之所在，也搞不懂经验形成之由来；既摆不平公文的结构布局，也理不顺公文的内在逻辑，更感受不到公文的法理力量。读之味同嚼蜡，阅后毫无印象。

告别“最”字体

我们正处在一个改革创新的时代，各行各业突飞猛进，各级各层频出奇招，“最”突出特点、“最”宝贵经验、“最”优质工程、“最”出色业绩的确不少。但是，实践告诉我们，改革永远走在路上，生活始终充满激情，事业持续蓬勃发展，今天为“最”的事，转瞬就会成为明日黄花。因此，不能对工作和事情轻易言“最”。

写作公文是件非常严肃的事，需要秉持十分严谨的态度。不论是定位为世界之最、中国之最、地方之最，还是排序为行业、领域和阶段之最，没有经过科学论证、权威认可、时间检验，不能信笔由缰，任性判断，肆意定论，自以为是。公文具有政治性、历史性、社会性、务实性，一文既出，影响深远，对成绩、特色、经验的总结和表述一定要经得起实践检验，受得了时间裁判，能得到群众公认。

把功夫下在“但是”之后

在领导讲话、工作报告、经验总结和情况汇报材料中，往往是讲成绩过程洋洋洒洒一大篇，谈经验体会可圈可点一大堆，提设想愿景宏伟长远一大套，可是列举问题起来就惜墨如金了，谈到不足时就点到为止了，“但是”之后常常一笔带过，虚晃一枪，位子也只占一个火柴盒大。其实，很多材料的价值就在“但是”之后。上级领导和广大群众更想知道“但是”之后是什么，出现“但是”之后为什么，盼望“但是”之后怎么办。

问题就是导向。大多数情况下，总结经验，更多的是为了解决问题。找不到或找不准问题，就很难做出正确决策，谋取发展成效，结果不过是“表扬与自我表扬相结合”的形式。问题依然存在，即便文章写得很漂亮，于事无补，热闹一时，最终还是一纸空文。

不能一“要”再“要”

公文具有指向性、专一性和引导性，摆事实必真，做判断必准，提要求必实，没有商量余地，没有讨价还价，没有自我选择。虽然有指导功能，有原则规定，有目标要求，行文单位也不应摆出领导者的姿态，拿出管理者的架势，端起指挥者的派头，满篇以“要”字领头，一“要”到底，非“要”不可，缺乏平和亲切、以人为本、以柔克刚、寓教于乐的精神和作风。其实一篇公文，只要言之成理、言之有据，指向准确、指导明确，不用“要”，“要”也在其中，自可令人信服、促人深思、催人奋进，达到行文目的，起到应有作用。

散文大家梁衡先生写过一篇《“要”字牌言论》，文中说“这种言论，几乎是把文件拆分成段，要这，要那，要读者去照办执行。结构也简单，一‘要’到底，有时一篇能数出十多个‘要’字”。这些问题的产生就源于权力管理思维定式，习惯了用命令、训斥、管理的方式来指东道西，因而通篇贯穿着霸气、硬气、粗气甚至俗气。评论如此，公文亦然。

抵制公文语言“被骚扰”和“受伤害”

《参考消息》2014年5月13日刊文《美报关注中国官场“称呼艺术”》，文中称“许多地方政府的下属人员称自己的上级为‘老板’或‘老大’。这种做法已经流行开来。想想当年，那时，人们仅仅彼此称呼‘同志’，而不使用其他头衔。”令人欣慰的是，禁止称领导干部为“老板”“老大”，坚决纠正“四风”在称呼上的不良表现已成为上下的共识。

笔者还留意到，领导干部过去的定位是“公仆”，而现在已经不谦虚地自诩为“父母官”了，组织上为他们配备住房，于他们而言，似乎变得理所应当。出人意料的是，“官邸”这个西方词也坦然走进了正式文件中。大学生志愿到农村第一线工作锻炼，服务基层，服务群众，他们未必想当官做老爷，我们有些人却给他们赋予了“村官”名称。

这种受商气、国学、佛禅和世风影响的倾向正在形成“冲击波”，成为现象。原来讲“修养”，时尚叫“修为”了；原来讲“觉悟”，流行成“感悟”了；原来讲“回报”，悄然用“福报”了；原来讲“操守”，复古为“操履”了；原来讲“考察”，公开称“视察”了。

这种求奇追新复古借洋的风气，使我们的文件尤其是领导讲话“官气”十足，“霸气”冲天，“商气”横溢，“俗气”尽显。受众听之愕然，不知所云；阅之难解，不知所以；用之别扭，不知所措。

语言是时代的声音，是历史的印记，应该也必须伴随着前进的步伐嬗变，无论从文种、内容，还是从语言、形式，公文都要“接地气”，都要吸收生活语言的“优秀分子”，从而形成自身的独特形象和鲜明风格。但公文是春秋之笔、千古文章，应有典范性、代表性和严谨性，要时刻警惕语言“受伤害”和“被骚扰”，不能太流行超前、太领异标新、太崇洋慕古。

“笔墨当随时代”，我们党以马克思列宁主义、毛泽东思想、邓小平理论、“三个代表”重要思想、科学发展观和习近平新时代中国特色社会主义思想为指导，构建了以革命、建设、改革、发展为主体的话语体系，公文和领导讲话都要以此为基础为特征为标准为方向，对复古的、时尚的、洋气的、怪诞的语言，要取其精华，弃其糟粕，对生活流行语、网络新造词和不断翻新的“××体”语式，要冷静观察，科学吸纳。唯有如此，我们的政党文化、公文语言才能更加富有生命力、更加彰显吸引力、更加体现亲和力、更加增强号召力，从而有效地服务社会、服务人民、服务发展，成为时代前行的标语、旗帜与方向。

七、秘书要做多面手

信息工作重在“三个把握”

信息工作是联系党和人民群众的一座桥梁，也是秘书部门重要的一项职能。如何做好这项工作？把握当前的大局、发展的趋势以及工作的重点很关键。

一、把握当前大局

胸无全局者，不足以谋一域。无论负责哪一级、哪一部门工作，都要时刻胸怀全党全国工作的大局，坚持以大局为重，特别是信息工作更要以大局来确定工作方针、工作思路和工作方向，使工作有目标、有意义、有章法、有轻重、有缓急，真正做到在信息工作中体现大局、服务大局。那么，如何把握好当前的大局呢？

一是心中有大局。凡是涉及人民群众的根本利益、涉及党和国家的利益、涉及国家命运前途的事就是大局。因此，为中国人民谋幸福、为中华民族谋复兴始终是中国共产党的初心和使命，我们每一个人，都应该扮演好自己的社会角色，承担起自己的责任和义务，完成好自己的本职工作，共同为伟大奋斗目标贡献力量。为在新世纪新时代迅速占领前沿阵地，开创新局面，为长远发展打下坚实基础，世界各国、国内各地都在各个方面展开了激烈的竞争，形成了你追我赶、力争上游的局面。这种竞争是围绕信息的争夺而展开的，这是机遇，更是挑战。秘书工作者可以在其中大展手脚，发挥作用。信息工作要围绕当前的发展大局和工作中心，把丰富多彩、波澜壮阔的社会生活的各个方面的信息加工提炼成信息精品报送给上级党委、政府，为上级党委、政府制定正确的方针、政策起到重要的参谋作用。

二是眼中有政治。对于社会生活中存在的各种阴暗面，秘书工作者了解多、知道早，更应该比其他人保持清醒的认识。当前，需要的是理性的、建设性的、正确全面的思想和行动，必须减少浮躁的、破坏性的、轻率片面的臆断和盲动。秘书工作者一定要识大局、顾大体，从讲政治的战略高度来严格要求自己，保持敏锐的嗅觉。对于事件的发生、事故的存在、事态的发展，要用政治的眼光准确掌握，慎重对待，及时处理。

三是胸中有纪律。信息工作是为各级党委、政府指导工作和制定决策服务的，同时也反映人民群众的意见、建议和呼声，这就要求秘书工作者具有坚定的政治立场和刚性的纪律原则。编写、报送信息时，要始终坚持党性原则，坚持党的群众路线，坚持实事求是的工作态度，真实地反映客观实际，揭示客观规律；自觉维护稳定大局，切忌加入个人感情和不成熟的理解，以免误导工作大局；始终如一地服务和服从于党委、政府的工作中心，避免给工作带来损失。这些都是政治纪律的客观要求，应坚定不移地执行，从而用以保证工作规范，推进工作进程，取得工作成效。

二、把握发展趋势

当前，世界范围内政治多极化倾向日益明显，经济全球化日渐深化，数据信息化快速发展，组织机动化不断增强，这是时代发展的大潮流。作为秘书工作者，一定要把握好时代发展趋势，做好信息工作。

一是善于研究新情况。我们面临的是一个大转型的时代，参与的是一场前无古人的伟大革命，面对的是一个变幻莫测的宽广世界，这必然对人们的生活方式、思维方式、工作方式产生深刻影响，每个人都裹挟其中，无法回避，只不过自觉不自觉而已。党中央一贯注重对重大现实问题进行战略研究，高瞻远瞩，沉着应对，很好地解决历史性的重大问题。党中央能够及时做出正确决策，秘书工作者注重研究新情况、提供新信息功不可没。

现实生活中，就有一些秘书工作者不注重研究新情况，整天关在办公室里，冥思苦想，闭门造车，或泡在会议中，高谈阔论，纸上谈兵，没有知识却看轻知识，没有思想却看淡思想，没有高见却喜欢高谈，对新情况新问题不注重研究，反应迟钝或一筹莫展，无法应对，更不用说站在领导高度，用宽广眼界综观大局、紧跟时代步伐、科学应对变局了。

二是勤于学习新知识。自然界和人类社会总是处于不断变化、永不停息的历史发展长河中。人们的认识也在不断发展，不断深化，永无止境。社会的进步和发展要求秘书工作者善于学习，吐故纳新，摒弃旧思维，拓展新视野，这样才能及时发现改革开放过程中出现的新事物，才能提供有现实意义、领导迫切需要的重要情况。秘书工作者还要以开放性的思维，以新的价值观去审视和观察社会生活中的新事物，研究各种新情况，提出各种新观点，开阔思路，改进方法，创造性地做好工作。

三是敏于捕捉新机遇。在大探索、大实践、大发展的时代，人民群众的需要是多方面的。各级党委、政府应当根据经济和社会发展中出现的新情况、新问题，根据人民群众多方面的需要，不断对各项工作做出具体决策，提出新的措施。而所有这些，又都离不开秘书工作者的辛勤工作。因此，秘书工作者要注重培养自己捕捉信息的能力，注意对社会各个领域、各个方面的信息进行分析研究，从而对客观情况做出准确的判断，找出问题的症结所在，以确定解决问题的最佳方案。信息的获得具有一定的机遇性。这种机遇，转瞬即逝，如果缺乏敏锐的洞察力，就会与有用的信息失之交臂。秘书工作者要培养和增强敏锐的信息意识，养成信息工作的职业习惯，时刻关注周围环境，使自己经常处于一种随时发现和捕捉信息的状态，善于从社会生活的各个方面发现对工作有价值的信息，并且抓住不放，及时处理。

三、把握工作重点

毛主席说“不要四面出击”，老百姓说“不要两个拳头打人”，这两句话都讲了同一个道理，即把握住工作的重点。信息工作纷繁复杂，量大面广，如果不注意把握重点，抓住主要矛盾和矛盾的主要方面，而是“眉毛胡子一把抓”，其结果只能是一团糟，什么都做不好，信息工作也很难有新突破。重点问题涉及大局，牵一发而动全身，处理起来稍有不慎，弥补起来就很困难，同时也很容易打乱正常的工作秩序，给工作造成损失。抓住重点报送信息，要求我们及时准确、全面地报送重大事件和重要问题，必须紧抓不放，不瞒、不漏、不迟、不乱，使工作有条不紊地开展。重点问题包括：

一是自然情况。重大旱情、汛情、疫情、火灾及其他灾害事故等信息的报送工作，要重点抓好。自然灾害的发生难以预测，严重的会造成经济上的重大损失，处理不及时，措施不得力，会在社会上造成很大的负面影响，甚至影响到社会的稳定，所以这方面的信息是上级党委、政府急需掌握和了解的。为把损失降到最低点，掌握处理问题的主动权，保护人民群众的生命和财产安全，必须实事求是、应急迅速，全方位、多角度、快节奏、高效率地收集信息上报。

二是社会动态。重点搞好社会稳定、公共卫生、安全生产、纠纷上访、重要社会动态以及涉及敏感性的国际国内紧急动态等方面信息的报送工作。这些重要动态的发生往往有着深刻的社会原因，而且有的还相当复杂，具有历史性与持续性特征，是社会隐患。各级党委、政府对这些事件的处理必须慎之又慎。要把这些事件的信息及时报送，促进领导及早做出决策，增强工作的主动性；同时，及早采取措施，把问题解决在事物发展的萌芽状态，避免造成重大的失误。

三是中心工作。报送信息只有围绕党委、政府的中心工作展开，才具有较高的参考价值，才会对路适用。要重点抓捕反映地方落实党中央、国务院部署以及搞好高质量发展过程中的新成就、新情况、新趋势、新经验、新问题等方面的信息报送，特别是搞好有关反映本地经济建设过程中的成绩、经验和问题的信息报送，反映党的建设、精神文明建设、民主法制建设和社会政治稳定等方面的重大情况的信息报送，反映本地开展工作的思路、进展和成效的信息报送，反映重大的社会动态和重要的社情民意的信息报送，反映专家学者对党和国家工作的重要意见建议的信息报送，等等。各级党委、政府做出决策后，秘书工作者要及时报送本地干部群众对各级党委、政府所做的决策的意见以及在贯彻落实过程中所取得的成效、存在的问题以及如何解决问题的建议，要报送本地对中央领导同志视察各地时的重要讲话精神和某个问题的具体指示精神的贯彻落实情况等。

总之，紧紧围绕中心工作和需求报送信息，及时领会上级党委、政府的意图，研究上级各个时期信息需求的重点和特点，并按照这些要求持续不断地提供信息是做好信息工作的出发点和着力点。

信息“六字诀”

信息工作抓什么，怎样抓？这是长期以来让秘书工作者犯愁的难题。攻克这一难题，要在“好、忧、快、慢、大、小”六字上下功夫。

“好”，是指正能量的、经验性的信息。这些信息一般都比较新颖，有独特性和创造性。好信息可以振奋精神，鼓舞士气，推动发展，促进团结，对工作起到借鉴、学习、推广的积极作用。好信息不易挖掘，更不易被采用。怎样去挖掘这方面的信息，从而提高信息采用率呢？一是了解需求，适应需求。了解上级需求是前提，只有了解需求才知道报什么，怎么报，特别是编写经验性的信息，一定要选择有学习借鉴价值能起到典型示范作用的，并提供成功范例的信息，进而能够起到指导工作的作用。二是区分对象，决定取舍。信息是客观存在的，一条信息对不同的对象具有不同的使用价值。有些信息，不仅对基层有用，而且对上级乃至中央也有参考价值；有些信息，只对基层、对本地区有参考价值，对上级不一定有用。因此，要对信息进行具体分析，确定报送对象，对号入座。三是精深加工，使其增值。有用的信息可能不具体或不全面，这就需要不断地去发现、去挖掘，把一些有用的东西聚合起来加工增值，使其成为上级需要的、有价值的信息。这就是通常所说的“兼容”（把来自不同角度、各具情节的信息兼容并蓄，从而取得多样性的统一）、“扬弃”（对众多信息资料中合理的部分予以保留，对不合理部分予以摈弃）、“提炼”（通过提炼零散的、表象的信息，使其升华为有序化和理性化的作品）、“演进”（在准确反映事物现状的基础上，对其未来的发展趋势加以预测）。

“忧”，是指负面信息或问题信息。具体来说，就是专门反映社会生活中的焦点、人民群众关注的热点、经济发展的难点以及工作中的薄弱点的信息。报忧难已经成为困扰信息工作开展的一个比较突出的问题。

难在哪？情况收集难、稿件编写难、报送审批难。但是，我们不能知难而退。客观现实中的成绩和问题是并存的，喜忧同在。只报喜不报忧，不能说明有喜无忧；只报忧不报喜，也不能说明有忧无喜。那该如何应对呢？一是辩证认识。社会本身就是纷繁复杂的，真善美丑、喜怒哀乐、胜利挫折、成功失败都同处在一个社会中。我们一定要辩证地、历史地、全面地看问题，正确反映事物的本来面目，有喜报喜，有忧报忧。二是吃透情况。不能见风就是雨，不能吃夹生饭，一时不能明了的，宁可稍放一放，以免出大错。三是科学定性。只看局部，不看全体，只知其一，不知其二，就容易以点代面，以偏概全。如果定量定性上把握不好，就容易造成信息失之偏颇或授人以柄。不能为了加重信息分量，在列举问题时，将早已处理过的事件也列入其中，更不能用不恰当的词语来修饰以期引起重视（××形势严峻，××后果堪忧等）。轻率的、失度的渲染，对领导做决策无益，也令人反感，容易引起误解。四是巧选角度。虽然是忧信息，也可以忧当喜报，可以适当报道领导如何重视此种问题，已采取了什么措施，矛盾化解的程度，采取措施后产生的积极影响，处理此类问题取得的经验等。当然，作为上级使用信息的单位也要注意爱护信息员，注意使用信息的方式。过去一用忧信息就通报，搞得许多信息员很难堪。秘书圈里有一种说法："不见通报想通报，见了通报心里跳"，"没有批示想批示，有了批示怕批示，领导一批就有事（被人找事）"。我们一定要克服掩饰忧信息的侥幸心理。纸是包不住火的，秘书部门不报，新闻单位、公安系统也会上报，网络媒体还可能炒作。作为秘书部门，一定要以对党和人民高度负责的精神，搞好忧信息的报送工作，切实做到善于报喜中之忧、报忧中之喜和喜忧兼报。

"快"，是指紧急信息。紧急信息的特点是发生快、影响大、处理及时等。什么是领导？领导就是信息最早最多的拥有者。领导能否对错综复杂的客观情况做出迅速反应，做出决策，很重要的基础是掌握信息是否及时。信息一经形成，报送的时间越短，其价值就越大，而时间的延误，会使信息的价值衰减以至消失。俗话说得好："差一天不是江山""明日黄花蝶也愁"。信息正是如此。"快"就意味着信息的"新"：新的发现、新的事件、新的内容、新的经验、新的角度、新的建议。"快"也要注重手段。信息最大的特征之一就是时效性。现代社会发现、传输和扩散信息之快，已达到惊人的程度。信息收集和传输不及时，就没有价值。比如，突发事件动态、股市变化走势、农产品价格行情、经营状况。很多信息的价值取决于上报及时不及时，所以，要千方百计缩短信息传输时间，提高处理能力，做到不延误、不耽搁、不漏报。秘书工作者要敏感、敏锐、敏捷。敏感，是指在捕捉信息上保持兴奋状态，不能"疲软"；敏锐，是指迅速准确地判断信息的价值；敏捷，是指对信息的处理和反馈及时高效。通俗地说，秘书工作者要成为快脑、快手、快腿的人。秘书工作者要想把握不同时期的社会热点，就要在倾向性、苗头性、敏感性问题上下功夫。秘书部门对紧急信息的反应要比媒体及其他部门更灵敏、更快速。如果其他部门抓住了信息，秘书部门尚未抓住，就是失职。当然，有些紧急情况发生时，由于它来得突然，出人意料，人们很难很快地掌握它的全部情况，可以先报简单情况，随着对进展情况的了解再不断地补充报告。

"慢"，是指经过调查研究后才向上级提供的有情况、有分析、有建议及对领导决策有较高参考价值的深层次信息。有深度的信息才能拨动人心，引起重视，起到好作用。越是高层领导，越注重信息的深度，特别是那些带战略性和长期性的信息，那些有全局意义的和综合分析的信息，价值就更大。能不能挖得出深层次信息是检验秘书工作者能力高低的关键。有的信息很零碎，很难使用，但如果通过调查研究弄清它的本来面目，搞清它的来龙去脉，就可以进一步挖掘其中的线索和有用的东西，整理成很有价值的信息。有的信息已时过境迁，是阶段性的，但是把一段时间内掌握的大量信息进行归纳、综合、延伸，由个别到一般，从偶然中发现必然，从动态中发现规律性，也可以发现深层次信息。这就要求秘书工作者抓本质，挖深入，长积累，把功夫下在优选上、下在综合上、下在调研上。

"大"，是指全局性、重要性、关联性强的信息。现在有一种现象，讲小不讲大，讲虚不讲实，讲明不讲暗，讲远不讲近，讲少不讲多，讲个性不讲共性。信息工作要克服这种倾向。信息工作的主要作用是为领导的决策服务，重点应该是捕捉和反映重大、具有全局性的、牵一发而动全身的信息。现在，有两种倾向很值得注意：一是有些秘书工作者不注意思考一些大的问题，只满足于数量，没有抓住那些以一当十，甚至以一抵万的信息；二是故意绕开一些大问题，尤其是敏感问题。这些都是必须克服的。写作“大”的信息时，要求在时空上有一定跨度，在政治上有一定高度，在剖析上有一定深度，在反映上有一定角度，集中反映一个侧面，让领导及时了解，掌握动态，做出决策，进行处理，稳定局势。这样做对把握整个大局具有十分重要的作用。

“小”，是指有一定代表性、典型性、倾向性和苗头性的信息。现代社会信息量大增，而人们接受信息的能量又是有限的，只有那些短小新颖的信息才能吸引人，才会被人们所认可、记住、应用。俗话说得好，“一叶知秋”“一滴水可以折射出太阳的光辉”。小信息也有大作用。个性的东西往往反映共性的问题，能揭示一般事物发展的规律，具有方向性。信息大小是相对而言的，在一定范围内是大的，在全局范围内就小；在基层看来是重要的，在高层看来未必重要。要善于把反映个别地方、个别部门、个别事件的信息，放在全局中考虑，放在大系统中观察，学会把握大题材，选好选准角度，从“小”的角度去反映。

“好、忧、快、慢、大、小”是辩证统一的，既互相依赖，又互相转化，既是矛盾体，又是统一体。好中有忧，忧中见好，敢于报喜中之忧，善于报忧中之喜；快而求新，慢则求深，不能单纯为求快而快，更不能因慢而弃之，快中有慢，慢中求快；在一定范围内是大的，在全局范围内就小，在基层看来是重要的，在高层看来未必重要，有时也会相反。我们要善于在实际工作中灵活掌握，综合运用，力求达到好忧兼顾，快慢适宜，大小统收。

协调：秘书要能“八面驶风”

协调的职能作用在秘书工作中的地位越来越高、越来越重。过去，秘书处于“幕僚”地位，出面协调工作的机会很少，只是在背后出出主意而已。当今时代，秘书部门承担了推进领导决策和工作落实的很多工作，协调成为秘书工作的重要内容和方式。在某种程度上，秘书部门成了“不管部”。没有明确部门管的事，谁来管？就靠秘书部门协调落实。实践也证明，秘书部门的协调工作填补了许多“盲区”，避免了许多“撞车”，扫清了许多“死角”，真正起到了“润滑剂”的作用，发挥了“平衡器”的功能，使得领导工作的展开与领导决策的贯彻畅达有效。

秘书部门做好协调工作并不容易，一则权力有限，不能轻易拍板，解决人、财、物等问题时困难很大，特别是在一些重大事情上不能直接做决定；二则位置所限，秘书处于辅助位置，从事的是服务性工作，协调时不易抓到点子上；三则方法受限，秘书部门不是决策机关，不能直接发号施令，解决问题多采用督促检查的方式。

那么，如何才能做好协调工作呢？从实际情况看，要处理好几个关系。

一是主动协调与受托协调的关系。领导不可能事事都过问，件件都处理。秘书部门需要承担起基础性的协调工作，不能事无巨细呈领导，不能原装不动搞“转运”，而是要做好相应的前期工作。这种协调更多地与调查研究、熟悉情况相结合，注意把握好分寸。主动协调体现在“主”，即对能解决的问题要及时解决，能答复的当场答复，尽量做到主动服务。当然也要防止主动过度，主张过多，自作聪明，自行其是，把手伸到别的部门去抓协调，越位揽权，影响团结。主动协调不是代替领导做决策，而是贯彻落实领导决策，决策权永远属于领导。秘书部门的协调工作大多是受领导之托进行的，“受令而行”就要全面深入了解领导意图，自觉地站在领导的角度去权衡，准确地抓住问题本质，充分地体现领导意志，确保正确使用协调权。在整个协调中，要及时把各方面的意见、矛盾、对策等随时向领导汇报，以供领导定夺，确保整个工作都体现领导意图。

二是协调对象与协调方式的关系。秘书部门的协调对象很广，既有上下左右，内部外部，各个工作和各个阶段，也有党政、企事业单位和干部群众个体。协调对象决定着协调方式。什么对象应采取什么方式要选择好，以求得最佳效果。对上级和平级用公文方式、专题汇报和相互商谈可能好些；对各部门可采用会议方式、现场督办效果会更佳；对个体则可采用面谈、电话交流等方式较为恰当。即便对个体也要区别对待，有的要热处理，有的要冷对待，有的要说道理，有的要论法纪。对一些特殊问题，更不能用固定的方法去处理，要具体研究，区别对待，要尊重各方，不包办代替。

三是原则性与灵活性的关系。因为有分歧，有矛盾，有困难，才开展协调工作。协调的目的就是要达到“声律相协而八音生”的目的，也就是要保证政策决策贯彻落实，确保各部门的工作安排与总体部署相一致，使全局工作有条不紊地开展，避免互相推诿扯皮的现象，克服议而不决、决而不行的作风。所以，必须强调大局原则，维护整体利益，贯通团结为重的精神，认真贯彻落实党和国家的方针政策，达到工作的总体要求。在不违背原则的情况下需要灵活地处理一些特殊问题。要尽可能考虑到工作的分工和各部门的实际，考虑到事情的复杂多样性，换位思考，尊重他人，相互让步，积极采纳合理建议，调整工作方案，用灵活性来求同存异，推进工作。可以说灵活性是工作协调成功的关键。

仅仅处理好以上几个关系是不够的，做好协调工作还要注意以下几点：

一是定位适当。秘书部门要积极主动地去干大家都没有想到的、分工不明确的和谁都不愿意干的事，不要去做那些已有明确分工或部门准备干而尚未干的工作。要努力做到对事不对人，参与不干预，决断不越权。工作要往细里做，多听意见，虽是“协调”，实则“服务”。要充分了解各方的困难和处境，充分肯定工作的成效和做出的努力，及时地修正方案，主动请示、汇报，以让领导决策。要在超前、适时和跟踪协调上下功夫，广泛征求意见，深层次思考问题，高起点做出决断，既得体，又生效。

二是态度谦和。秘书出面协调工作，毕竟不是领导亲自出面，这就要求秘书既要有权威，又要注意态度谦和。协调时要平等待人，团结人同轴共转，合力共事，不要以为有“尚方宝剑”就自以为是，武断专行，更不能盛气凌人，居高临下，拒人于千里之外。最忌讳的是在协调时态度不公，对党委、政府好，对人大、政协差，对中国共产党好、对民主党派差，对上级部门好、对基层单位差，对权贵人物好、对普通群众差。这样，协调工作肯定做不好。

在协调矛盾时，急躁动怒、态度蛮横、出言不逊而使得协调各方不欢而散的事例并不少见。因此，在协调工作中，要更多地发挥人缘、地缘、情缘的作用，以理服人，以诚感人，以情动人，以纪正人，化对立为合作，使不快变和缓，更多地发挥理解力、应变力和非权力影响力的作用，力求协调工作顺畅高效。

三是聚同化异。一般而言，需要协调的各方往往有意见冲突，分歧较大。在这种情况下，要想达到各方都十分满意的效果是很困难的，因为各个单位、部门和个人的情况、条件、水平和风格都不一样。如果强迫对方接受自己的意见，就难以达成一致；如果轻易偏向某一方，也容易使协调工作更难开展。只有本着互相尊重、互相谅解、取长补短、取优舍劣的精神，聚同化异才易达成一致。对一时无法解决的困难和矛盾，特别是历史遗留问题，只要不影响大局，可以先放一放，待条件成熟时再协调解决。因服务大局而做出牺牲和贡献的部门，要想方设法在其他方面加以弥补，以求平衡。协调一次，能推进一步就是成功。

协调不是“和稀泥”，必须具有明确的目的，要维护其原则性；协调不是做样子，必须强调统一和大局，要维护其权威性；协调不是摆形式，必须推动实际工作，要维护其严肃性。因而，秘书部门应把此项工作摆在重要位置来对待，放在关键环节来抓好，作为能力素质来要求。要不断摸索和掌握协调工作的特点和规律，推动工作落实，实现预期目标。

督查就是抓落实

督促检查是确保决策顺利实施的有效手段。事实证明，再好的决策如果不落实，体现不出工作成果就等于零。督查的方法不同，落实的效果也不一样。那种满足于会议开了、文件发了、要求提了、制度有了，而不过问决策贯彻到什么程度、精神是否上下一致、问题已经解决多少的做法，是绝对抓不好落实工作的。因此，督查就是抓落实，秘书部门在其中责无旁贷、责任重大。

一、抓具体

具体问题具体分析是马克思主义的灵魂。如果工作只满足于一般号召，大而化之，不求甚解，那就丢掉了马克思主义的灵魂，也就无法达到预期目的。那种借口要“抓大事、管宏观、谋战略”而不屑于深入实际解决具体问题的人，最终会使工作不能真正落实。工作抓落实必须抓具体。弄清具体情况，研究具体招法，观察具体变化，解决具体问题，实属干成实事的要领、要法、要旨、要害。

抓具体，必须解决实际问题。只有把总目标细化为子目标，把工作任务落实到具体的人、具体的事、具体的点、具体的时间，才能一层一层地抓、一项一项地抓、一环一环地抓，抓铁有痕，久久为功。这样做工作，群众才会看到希望，才能成就大事。

二、抓进度

抓进度的要义，就在于克服那种述而不作、决而不行、抓而不紧的习气，同时又避免盲目蛮干、一哄而起的状况。抓进度是对纸上谈兵、坐而论道的有力鞭策，是对鲁莽从事、不讲章法的提醒警示。

抓进度，要重视对工作的立项、分解和反馈，把对全局的思考和决策分解为一个个具体的工作任务，提出操作性强的措施、办法。要关注落实过程中的热点、难点、重点。对在落实过程中碰到影响进度的卡壳问题，要组织攻坚，尽快拿下，扫平障碍，保证进度，从而使落实工作办一件成一件。在抓进度中，既要克服畏难情绪，又要防止急于求成，要时刻不放松地抓，把握好节奏和力度，直到抓出成效，达到目的为止。

三、抓平时

抓落实，不能赶风头，走过场，紧一阵松一阵，而要注意抓平时，下苦功夫，下硬功夫，下细功夫。一项好的决策，要取得预期的效果，就必须持之以恒，真抓实干；落实决策的过程，往往也是发现问题、解决问题的过程。问题并不是一个早晨出现的，也不可能一个早晨解决。且不说长远的规划、计划，需要日复一日、年复一年坚持不懈地抓下去，需要一届又一届班子、一代又一代人传好接力棒，即使是一项具体的工作，也要抓好平时，抓紧跟踪，这样才能巩固提高，延伸辐射。

抓平时，有利于防微杜渐。现在，我国正处于高质量发展的攻坚阶段，大事、要事、难事众多，头绪纷繁，矛盾复杂，各级部门和工作人员需要集中精力，埋头苦干，不能有任何的马虎和轻率，要保持高度的责任心，一发现问题就立即着手解决。倘若平时不注意抓落实，等问题成堆时才来搞突击，不但好的决策不能真正发挥作用，还会出乱子。

四、抓反复

抓反复，反复抓，这是抓好落实的重要方法。有些工作虽初见成效，但稍一放松就会回潮，出现反复，不进则退。有些工作旧的矛盾解决了，新的矛盾又出来了。因此，要反复抓，抓反复，常抓不懈。

考察一个地方和领导是否狠抓落实，不仅要听他说了什么，还要看他干了什么；不仅要看他干了什么，还要看他干成了什么。工作有头无尾，或虎头蛇尾，或半途而废，这些年，不少问题正是出在这些方面。因此，对工作要有坚韧不拔抓下去的精神，持之以恒，久久为功，抓反复，反复抓，抓出实效，抓出成果。

五、抓深入

督查的过程，就是不断发现问题、不断解决问题的过程。客观条件复杂多样，不深入督查，就无法发现问题；发现了问题，督查不深入，也无法解决问题。抓深入要敢字在先，敢字当头。敢督，就是要面对面地督促，不管对方级别职务，不管对方业务范围，敢于指出问题，提出要求，限期整改。敢查，就是要走到问题最多的地方，触及最复杂的矛盾，找到最关键的环节，敢于一查到底，敢于拔“钉子”，不怕得罪人。当然，督查也要注重效果，讲究工作方法。督查人员不要以钦差大臣自居，更不能出现乱督乱查和以权谋私的现象，还要防止督察过多过滥，从而给基层和人民群众增加负担。

六、抓问责

以责促行、以责问效是推进工作落实的有效之招。地方和部门一把手要把抓工作落实的责任扛起来，做到重要工作亲自部署、重大问题亲自过问、重点环节亲自协调、重要案件亲自督办。在督查中，要看每一项工作的主体责任是不是划分清楚，有没有理解到位、落实到位，是不是做到各司其职、各负其责又相互协作，是否以抓铁有痕、踏石留印的劲头抓下去，抓出实效来。对工作不作为、责任不落实、整改不到位的必须严肃问责，真正使各项工作都能适应党和国家事业发展要求，都能满足人民群众愿望和期待。

调研是秘书部门的基础性工作

调研是秘书部门的职能要求，也是秘书工作的成事之举。秘书部门的调研具有选题广泛、参与面大、类型多样、成果转化多元快捷等特点。无论是方案计划、会议文稿、发言材料、调研报告的撰写，还是政策文件、会议组织、活动安排等相应工作，都要秘书部门的担当及服务。可以说，调研贯穿秘书工作的全过程和各方面，是一项基础性工作。

如何常态化地开展好这项工作?

一、始终围绕中心

党和政府的工作是有阶段性的，一个时段与另一个时段的中心目标、任务、措施不一样。党的十八大之后，从党性集中教育安排看，党的群众路线教育实践活动、“三严三实”专题教育、“两学一做”学习教育、“不忘初心、牢记使命”主题教育、党史学习教育、学习贯彻习近平新时代中国特色社会主义思想主题教育接续开展，成效斐然。这还仅仅是政治性中心任务，经济、文化和社会的重点工作也是次第开展。如果不“咬住”这些阶段性中心工作开展调研，始终围绕中心出主意想办法，更好为科学决策服务，为提高党的执政能力和领导水平服务，为完成新时代新征程的使命任务服务，就会脱离中心，就会在实际工作中“掉队”，甚至会在验收中“不合格”。

咬住中心，也不必面面俱到、贪大求全，而应具有针对性、现实性。围绕中心工作开展的调研，目的性很强，实用性很高。因而，往往要找准一个或几个切入口，在结合上做文章，努力把中心工作谋划前、推动中可能和已经碰到的困难问题弄清楚，把启动开展和突破创新的方向与举措找出来，提出富有真知灼见的意见建议，供领导决策参考。

二、切实弄清实情

尊重客观事实，坚持实事求是，听真话，报实情，是秘书应有的品质，是一种起码的职业道德，是一个共产党员的党性要求，也是事业成功的重要保证。

秘书部门最忌讳的就是“坐在家里定盘子，关起门来想点子，走到下面找例子，回到机关写稿子”的作风和做法。不少地方，政策文件刚印发，成效就见报了，任务才布置下去，成果已经“显著”了，活动刚开始不久，经验总结就出来了。如果不到现场，只听汇报，只看材料，岂不是被蒙了吗？调研就是要先到基层，走进群众，把一个地方或一件事情的真实动态和翔实状况弄清楚、梳理好，找到解决问题困难的“锦囊妙计”，不断提出真正解决问题的新思路新办法，发挥好参谋助手作用。

三、科学做出预判

秘书部门的调查研究更多的是为领导决策服务。如果只是“吃现饭”“跟着跑”，就拿不出“高招”，做不了“高参”。

现实生活纷繁复杂，困难问题不时“冒泡”，需要秘书部门走到一线，从小问题中发现大问题，从成绩中找出不足，从而把握矛盾的表现特征和变化特点，看到问题的内在联系和发展趋势。这就需要在调研中加强研究，在研究中加强调研。既要注重“沉下去”，也要能够“浮上来”。“沉下去”就是为了深入了解情况，对调研对象的历史与现实、长处与短处、问题与经验全面地去考察，越多越好，越细越实。“浮上来”是为了对材料进行去伪存真、去粗取精、去虚留实，找到“干货”，找对举措，找出规律，在事实基础上得出结论，在综合分析后做出判断，从而为领导在处理复杂局面和具体问题时提供借鉴和参考，增强信心和决心。

四、注重问题解决

问题是时代的声音，是工作的导向，是认识事物发展变化的方法和过程。调研必须坚持问题导向，增强问题意识，敢于正视问题，善于发现问题，勇于攻克问题。因此，找到问题，分析问题，解决问题，是调研的出发点和落脚点。

为什么说调研是谋事之基、成事之道？其根本就是调研要有针对性、指导性、现实性，在掌握真问题的情况下去探索新办法破解。秘书部门是做服务性工作的，解决问题的硬资源有限，但也不能只调研不碰硬，只问情不解急，而是要在一开始调研时就真心诚意地拜群众为师，与基层零接触，问计于民，问策于民，找到关键之处，找出破题之招，点问题点到位，提对策提得实，为解决问题打下扎实基础。同时，利用协调职能，积极统筹力量，广泛集合资源，实行问题大梳理、难题大排查，直奔问题，直击要害，问题不解决不松劲，解决不彻底不放手，着力打通贯彻执行中的堵点淤点难点，给群众一个交待，给基层带去希望。

秘书部门开展调研，是一种职责，也是一种能力，更是一种导向。做好调研工作既要常态化开展，也要创新式推进，使之成为发挥参谋助手的基础性工作。

会务工作落点在细

“文山会海”是秘书部门制造出来的，深受其累的也是秘书部门。随着办公无纸化时代的到来，“文山”的一些问题，比如用纸、打印、分发的工作已逐渐减少，而数量未必能减下来，也许因为工具的简易，反而会上升。“会海”目前还看不到变化的趋势，秘书部门的会务工作日趋繁重。

中央改进作风八项规定下发后，各级对会议召开提出了许多新的要求，比如“十不”（不提供高档菜，不安排宴请，不上烟酒，不摆花草，不制作背景板，不提供茶歇、水果，不组织参观游览，不发放纪念品，不配额外洗漱用品，不组织娱乐、健身活动）就很有效，很受欢迎。当然，也要看到，会议组织还有许多细节文章可做。

会标的确是个老问题，不通的、模糊的、歧义的标题不少。容易出现的问题是，上级部门到基层开的座谈会，从标题上看不出是上级部门来开的。两种以上内容合开的会议，推敲标题需要格外地用心，避免主次不分，或者词语搭配不当。标题长更是一个久攻不下的难题。

介绍出席会议领导出现新问题。目前，各级领导都有部分兼职，比如常委兼市、县委书记，包括其他班子成员兼职，开视频会议时，这些领导大都在原地域参加会议，介绍到出席领导时，很容易忘记这些兼职领导，或介绍了但没在镜头中出现，或者出现位次不对。

讲话人排序先后大有讲究。通常情况，经济工作会、农业工作会等这类重要会议，一般是书记先讲，政府主要领导再讲，分管领导最后讲，这类会议通常是定调子的，宜先从出席领导最高职位开始讲话。讨论会、座谈会、协调会、办公会等这类会议，则以最高职务者后讲为佳，因为这是“拍板”的，总结性的。自然，这也不是定例，最好会前征求领导同志意见确定。

报到是一个关键。党委、人大、政协代表大会的报到要精心组织，充分展现会议代表的精神风貌。其他会议与会人员都按时报到比较困难，参会人员通常按距离远近来定报到时间，远的早来，近的晚来，甚至开会前才直接到会，而不去报到处报到，所以，对接报到就要通盘考虑。

会场安排时要留意摆放的座位名牌是否有错，统计参会人员名单不要漏字错字，不能弄错职务、性别，尤其是有些领导职务有变动调整的，要注意更新。

住宿安排也有灵活空间。现在交流下派干部多，许多干部人在基层家在省城、市区。按照新的规定，与会人员两人一个标准间，许多人不习惯与并不很熟悉的他人同宿，家在会议召开地点的，大都“逃会”回家住，也顺便与家人团聚。如果会前了解具体情况，可以不安排这部分房间，不住的给予补助，更受欢迎。虽然很多需要安排食宿的会议都要求先报名单，但常常有临时变动和迟迟不报的情况，这就给发放会议须知等材料带来困难。平时通常的做法是会议须知与名单汇编成一册，往往迟迟印不出来发不下去，先到会的人员对会议一无所知。科学的做法是拆开编印。入住名单待全部核准后再印发，特别是时间相对较长的会议更应如此。

会议用具发放完全可以减免。略为正规的会议，基本都是笔记本、笔、公文袋“三件套”齐备。各级的改进作风相关规定出台后，这些东西档次是降下来了，但数量减得不多。党政机关和企事业单位，在平常工作中，哪个不提供这些办公用品？会议完全可以不发放这些用品，发了用的人也不多。

时间长的会议还要注意中途退会人员情况，对出席讨论及集体性活动人员要做出相应调整，及时处理空置房，节约会议成本。会议的伙食安排不能按参会人数一成不变。报到和会议结束的那一天就餐的人员最少，平时也是吃早、中餐的人员多，晚餐的少。如果管伙食的人与相关环节很好对接，采取灵活方式，就可以节省开支。一个会议，从开始到结束，“变数”会不少，据此调整安排，大有文章可做。

会议宣传“把关”不够。除了高层会议对此比较重视之外，其他层级会议大多都是任由记者写作报道、摄像播出，很多未经审定，会议宣传主题不集中，导向不鲜明，重点不突出，提法不准确。

会议结束后要对会场和宿舍进行清理，与会者对会议材料常有丢弃的、忘带的，不集中处理，很容易出现泄密等情况。

从大的角度讲，组织好会议要从会议召开的审批、会议规模的控制、会议活动的安排、会议发言时间的规定等方面去努力，但只有抓住每一个环节，关注每一处细节，把准每一道关节，才能保证会议出质量。

信访是个政治活

信访工作是党的群众工作的重要组成部分，是调查了解社情民意的重要渠道方式，是秘书部门的重要工作职责内容。同时，各级党委、政府对信访工作越来越重视。中共中央、国务院2022年印发了当年5月1日起施行的《信访工作条例》，提出“各级机关、单位应当畅通信访渠道，做好信访工作，认真处理信访事项，倾听人民群众建议、意见和要求，接受人民群众监督，为人民群众服务”。秘书部门理应发挥主体作用，不断创新工作方式，探索工作规律，着力联系群众、服务群众、引导群众，积极做好新时期的信访工作。

一、把群众当亲人，在处置信访中办好民生实事

从当前信访情况来看，大部分群众是因为生产生活和思想情绪有不顺的事才找部门找领导，只有少量是无理要求，极少数是借访闹事。在面对来访的群众时，秘书人员要从以人为本出发，以“有理诉求”来定位处置。

秘书人员来自各方，很多来自基层，直接面对现实问题，亲身感受群众生活。因此，秘书人员要把群众当家人、把群众来信当家书、把诉求问题当家事来对待和处理，在接触的第一时间里密切感情，处好关系。

首先要端正接访的态度。讲话的语气、场所、切入话题甚至是否请坐、递水等都会直接影响接访效果。一言不慎引出群访和越级上访的事例举不胜举。有些秘书态度挺好，但是立足点没有转到群众一边，仅仅是一味地同情和道歉，聊不到点子上，解不了上访者的“气”，也于事无补。

其次要重视信访的评估。现在交流沟通的方式多了，很多群众反映问题时用手机信息和通话的方式。这种情况，秘书部门要格外留意，如

是反映重大问题的，还是要坚持与当事人见面，或到现场认证，核准基本情况，分清轻重缓急，评估风险大小，特别是要弄清楚信访问题的真实性、危害性、特殊性和普遍性。

再次要认真对待现实的问题。要取得上访者的信任，没有什么绝招，根本的做法就是认真对待他们提出的问题，把他们的困难当成自己的困难，把他们的事情当成自己的事情。秘书部门解决不了的，帮他们找领导、找相关部门、找对策、找出路。上访者看到秘书人员对他们说真话，帮他们真办事，为他们真考虑，就会理解配合，上访事情就可能得到较好的解决。通过以亲人般的态度面对上访者，就容易建立起与他们联系沟通的感情，为解决信访问题打下良好基础。

二、立足群众需求，在改善民生中推动高质量发展

上访群众大都是带着问题而来，带着需求而来。无论是第一次反映问题，还是因为反复反映同样的问题，或者是因解决的时间太长，甚至问题一直没有得到解决而来，大都是与其生产发展和生活待遇有关，有的还关系到基本生存问题。

因此，了解群众的需求是秘书人员的首要任务。要从来访者反映的问题出发，了解事情的来龙去脉，掌握问题的全面情况，知晓来者的上访目的。针对群众提出的需求，对照秘书部门职权范围，帮助群众分析问题能够解决的程度，解释清楚暂未解决的原因，使群众感觉到秘书人员确实是从来访者的需要出发，这样两者间更易于沟通、交流，有助于问题通过正常途径妥善解决。

要善于跳出信访问题来看待和化解问题。有时候，一个信访问题的解决有利于解决全局性的问题，反之解决不好一个信访问题有可能会引发其他连锁性的问题。因此，面对上访问题特别是重访及久访未决的问题，要善于思考问题的关联性，归纳问题的共同性，分析问题的普遍性，尤其是要分析问题的根本原因，掌握深层次的相关问题，找到问题解决的困难点、切入点和突破点。只有跳出问题的本身，才能更好地创造性地解决好“疑难杂症”。

要从发展的高度去解决信访的普遍问题。大多的信访问题与民生有关。无法满足群众的需求是造成信访的普遍性原因。工作分配、待遇偏低、利益纠纷、征地补偿、住房困难、入学担忧等，都关系到群众的切

身利益。解决这些问题根本的出路靠发展。唯有大力发展经济，才能不断提高群众的生活水平，不断解决群众存在的困难，不断提高群众的生活获得感、幸福度。秘书部门要注重分析总结民生、焦点、难点、共同点，为领导提出改善民生、促进发展的好建议好政策。

三、克服形式主义，在转变作风中密切干群关系

信访问题的存在，特别是重访现象未绝，原因是多方面的。其中，乱表态、乱拍板、乱承诺，是造成重访的重要原因。不少信访件“一把手”转给“二把手”，“二把手”转给分管领导，分管领导再转给有关部门处室，部门信访件又转回基层，最后没有落到实处，在群众中造成极为不良的影响，甚至失去群众信任，引发群体性上访事件。对此，秘书部门要保持高度警觉，并在几个方面持续努力：

明确首访负责制。第一接访者对信访问题要负责跟踪到底。尽管因为工作程序要求进行转办，第一接访者也一定要做好信访件的跟踪了解工作。对信访件走到的每一个环节、解决到什么程度都要进行了解登记，并及时反馈给信访者，直到问题有处理结果或得到完全解决。

强化处访连续性。干部调整是不定期的，有些上访问题换了几任领导，或者几个秘书相继经手，也没有处理好。对这种情况，一定要跟踪好信访问题走向。无论领导如何换，秘书怎么调，信访案件务必须交接好，上一任解决不了或者未完全解决的，要及时报告接任领导，秘书调整交班时切莫忘了群众信访案件，不能让信访案件成为无头案、失踪案，伤害群众的感情，断了群众的希望。

形成下访常态化。群众不用上访，干部就要下访。秘书人员不要怕群众提的问题复杂尖锐，不要怕解决问题的难度强度，只要经常深入基层开展下访，贴近群众交流沟通，多做群众思想工作，多关心群众喜乐忧盼，多办点群众得益的事情，把党和政府温暖经常性地传递到群众中间，群众自然会支持党和政府的工作，很多问题都能在与群众建立的深厚感情、融洽关系中得到化解。

信访工作不是简单的业务工作，仅仅靠倒茶递水、收信转办是不能完全解决问题的。信访工作说到底是群众工作、政治工作、思想工作、稳定工作、发展工作、经济工作，必须从这些高度去开展信访工作，才有可能把工作做到群众心坎上。

小简报发挥大作用

简报是一种发布载体，是一种交流方式，也是一种写作文体。秘书工作中，简报编印任务很重，要求很高，简报的作用不可低估，小简报也能发挥大作用。

为什么有此一说？我们可以从简报具有的特点来看：

既是政治活又是技术活。简报工作是大型会议组织一项必不可少的工作。各种会议都是围绕党委、政府的中心工作和人民群众生活中的热点难点问题而展开的。与会人员交流看法建议，通过简报发声，引起各方关注、领导重视，提供部门参考，推动问题解决。因此，简报看起来很简单，但是承载的东西不少，发挥的作用不小。简报工作不是简单地做文字笔录、简单地做服务工作，而是政治性贯穿其中，有政治责任，有政治影响，也有政治风险。当然，简报也是个技术活，服务性、技术性的要求很多。除了忠实地记录整理讨论发言的内容，其他附属性的工作也不少。有些看起来是小事，但小事没有处理好，就会影响简报工作的开展和质效。因而，简报工作不可小看，“简报不简单，简报无小事”。

既要记得快还要记得准。简报报送发放是定时的，要求“快”，需要简报工作人员做快枪手，写急就章，有倚马可待的能力。不仅是单纯地快，还要准。记录不准，没有精确表达发言人意愿，看简报的人读不懂，轻则达不到效果，重则带来误判。怎样做到快而准？那就要熟悉人头、了解话头、用好笔头。熟悉人头，就是熟悉服务所在组的情况，即都是什么人，有什么特点，来自什么单位，担任什么职务，如果人头不熟，是谁讲的都不懂，不可能记得准；了解话头，就是要事先和发言的人有互动，知道他准备讲什么，提前查阅相关资料，做好准备；用好笔头，就是把电脑、录音笔、手记本都备好，十八般武器都用上。当然，技术手段是死的，人是活的，用心用情才是做好简报工作的根本。

既有综合性又有专业性。大型会议的综合性强，与会人员来源广泛、各有所长，知识和专业背景不同，这些人员平时都在自己的行业单位忙碌，坐在一起，可以说说履职情况、发展业绩、社会现象和思考所得，涉及的相关知识包罗万象，系统性、综合性、专业性很强。这里讲的是对外开放，那里讲的是旧村保护；这里讲的是文件中的提法不妥；那里讲的是材料里的句段调整；这里讲的是民生福祉，那里讲的是高科技项目。这些信息穿越性强，让人有漂洋过海的感觉，很容易听懵了，没有三两下，不预先有准备，还真扛不住，接不过话语。

既具历史感又具现场感。现在有些专家学者做学问怎么做？鸿篇巨制不引，片言只字是宝，专门找小报和边角料，弄出来的东西让人大吃一惊，因为这样才有现场感，有细节点，有故事性。简报工作的价值由此可见。一年一年、一次一次地把会议内容记录下来就有不一样的历史价值，以后写发展史、思想史都可以来翻简报。同时，简报是一种现场记录，相当层次和各方面的人聚在一起议大事、讲走势、谈感受、出主意，讲的大多是他们的亲身经历、调研所见及思考所得，当场把这些生动的、具体的东西记下来，选好来，编出来，以后回看起来，就会很鲜活、很具体、很感人。日积月累，就会成为难得的历史资料。

简报这么有意义和有价值，如何去做呢？

一是在学习策划上下功夫。对简报工作首先要做好预习功课。会前认真学习会议文件，了解会议安排，吃透文件的主要思想和观点表述。其次要做好议题预案。对会议主题要准确把握，特别是对与会人员关注的问题进行分析预判，有条件的要和小组主持人商定好讨论的引导性话题，以避免出现跑题和冷场现象。再次，还要熟悉简报工作流程、要点、时点及联络服务方式等。

二是在团结协作上下功夫。简报组人不多，且还分为编审、校对、编务、速录、发放、回收等环节，这是个链条。同时，对交稿时间、字数控制等都有要求，这些工作环节必须协同起来，否则简报出不来。在工作中，要和与会人员、召集人、编辑组保持沟通，看看安排的是哪些人发言、哪几个人准备发言、想讲什么内容，提前和相关人员沟通，有条件的请发言人写个200—300字的稿子，这样做会轻松得多。

三是在挖掘提升上下功夫。简报内容总是“一组二组，甲讲乙讲”，或者总是领导讲的内容很长，其他与会人员讲的只摘录两三句话，这样的效果肯定不好。一些与会人员讲得很精彩，压得太多，精彩不见了，总是一个遗憾。能不能都长？能不能都短？值得考虑，需要创新突破。又比如，能不能把当天发言的人员最精彩的一句话放在前面让大家都看到，后面才是各组讨论。怎么把亮点提升出来，让那些不想看完简报的、没时间看完简报的，也能够迅速抓捕到当天讨论最闪光的内容观点。这就需要在挖掘提升与会人员发言闪光点上下功夫，使闪光点成为好观点，提高思想含量、知识含量，从而让简报增加高度、深度、长度，产生引导力、影响力、作用力，真正做到简报不简、简报有料。

学会总结工作

善于总结经验，从失败中得出教训，从成功中得出规律性的认识，是一个人、一个单位、一个政党乃至一个国家和民族走向成熟、获得发展的重要条件。

总结，就是人们对已经发生的事情进行理性思考和科学分析。任何工作都有一个发现、研究、处理和解决的过程。对于每一个这样的过程，都要注意不断地进行从实践到理论、从理论到实践的总结，才能有所发现、有所收获、有所创造、有所前进。因此，理性而科学地总结工作，是发现问题、研究问题、解决问题的一个重要方法，是秘书提高素质、提升能力、提振精神的一个重要方式。

为什么同样的工作条件、经历及学历，有的人进步快、水平高，有的人却进步慢、水平低呢？原因无非是对总结的重视程度不同。注重总结的人，肯动脑，会思考，见识就广，主意就多，处事就稳，成功的概率也就大。可以这样讲，不注重总结的人，只会落后。秘书部门既要承担起单位总结经验的常态性工作，也要做好自身的总结工作，要把总结贯穿工作的全过程，把总结当作工作的一部分。

那么，怎样才能总结好工作呢？

一、树立正确立场

坚持正确的立场，是科学总结工作的基础。立场的正确与否，决定着认识的视角、价值的取向。社会事物纷繁复杂，对同一个问题，立场观点不同，就会得出截然不同的结论，特别是在世界各种思想文化相互激荡的背景下，如果没有正确的政治立场，没有一定的思想理论水平，就不能识别虚和实、表和里、大和小、正确和错误、主流和支流、全局和局部。当前，国内国际形势变化很快、很大、很深刻，秘书要防止和克服事务主义，就要善于从自身的小天地里跳出来，提高政治站位，选准观察视角，经常分析世界政治、经济的大背景、大格局、大趋势，经常研究党和国家的大政方针和重大部署，做到立场坚定、眼界开阔、胸有全局，从而更加自觉地在大局下行动，更加主动地做好各项工作，更加精准地做出成效定位。

二、注重定期分析

秘书工作整体性、系统性和连贯性不强，应该做完一件就总结分析，过一个阶段就反思提高，吸取教训，形成经验，否则就会陷于事务之中，工作越来越多，水平越来越低，进步越来越慢。因此，每天“三省吾身”，每星期分析，每月回顾，每季小结，每年整改，形成制度，十分必要。发现问题时，及时提醒；遇到困难时，联合攻关；取得成绩时，热情鼓励。但是客观地讲，许多人和许多单位对总结工作采取了盲目、随意、简单化甚至是错误的方法，这是要注意克服和加以反对的。

三、留意细小表现

总结工作不能都盯大的问题，讲“大”不讲“小”，大而化之，对一些“小”事不上心、不入眼，而是应该“大”“小”兼顾。比如，搞信访工作的秘书，要充分认识到自己的一言一行都代表单位，如果对来访的人员态度热情，倒茶让座，认真倾听，坦诚答复，秘书部门的“窗口”性质就能正确体现出来，秘书跟群众的关系就能进一步密切。如果总结工作时忽视在这些细节上出现的问题，就不可能发现思想和作风上的问题。

四、敢找主观原因

工作中出现差错，既有主观上的原因，也有客观上的原因。总结经验要主客观结合，但更多地还是要从主观上找原因，也就是从自身找原因，从工作方法、工作态度上找原因，而不能将落后的原因完全归咎于客观条件，否则，就失去了总结经验的意义。有些人总结工作不从主观上找原因，避重就轻，怨天尤人，或是将自己的工作说得十全十美，这显然是有害的。当然，从主观上找原因也不是全部找不足，也要注意总结经验，切实做到“只为成功想办法，不为失败找理由”。

五、盯住新的东西

总结工作的目的，就是积累知识，吸取教训，克服盲目性，增强自觉性，更好地做工作。总结工作，应该把重点放在总结新经验上。秘书事业还很“年轻”，许多方面还需要认真探索，才能逐步走向成熟，这更需要加强总结工作。秘书要随时注意把自己工作中的成功经验和失败教训加以总结，进行科学思考和评价，将感性的东西提高到理性的高度思考，从中发现规律性的东西，提出新的观点，创造新的方法，从而使自身的思维能力、组织能力、鉴别能力以及其他各种能力得到锻炼和提高，培养研究新情况、解决新问题、开创新局面的能力，使秘书工作上质量、上层次、上水平。

六、学会选择信息

现代社会是信息爆炸的社会，人们碰到的难题不是信息太少，而是信息太多，真实的信息、虚假的信息、真假参半的信息，都会有。古人那种“秀才不出门，能知天下事”的理想状态在当下得到了真正的体现。做现代人，不会选择信息，就很难工作；做秘书，不会选择信息，就会陷入被动；做总结工作，不会选择信息，就很难圆满。许多有经验的秘书都能够对不断涌现的信息做出快速反应，抢占先机，仔细分析，科学判断，巧加利用，从而做好领导的参谋和助手，也为做好总结工作找到了资料来源和参照标准。

七、善于提炼规律

总结工作不能记“流水账”，不能开中药铺，不能做“传达室”，而是做“加工厂”，用求实的态度、辩证的思维和综合分析的方法，对丰富、复杂的感性材料进行去粗取精、去伪存真地分析提炼，由现象深入把握本质，从特征进入提升规律，使偶然情况转成必然现象，把具体做法上升为基本经验，从而在总结工作中拓展思路、研判形势、把握规律、科学决策。只有这样去总结经验，才能使经验全面而不片面，深刻而不尖刻，管用而不乱用。

八、提升工作境界

工作中有学问，生活中有感悟，实践中有真知。总结经验是丰富和发展理论的基础性工作，经验是对实践的总结，理论是对经验的升华。总结本身就是工作的重要组成部分，不是另起炉灶的事，不是工作结束后的“细枝末节”，不是简单的“来料加工”，而是要在总结中发现开展工作的新情况、新问题、新做法，从而进一步提升，使之形成新认识、新思想、新规律，进而使工作的水平进一步提高，工作的境界进一步升华，避免今后的工作在原来的层次徘徊，从而不断增强工作的预见性、主动性、创新性。

总结是进步的起点。不管我们为社会和人民做了多少工作，离党和人民的要求依然还很远，工作中需要改进的地方还很多，面向未来还需要付出艰辛的探索和持续的努力。所以，我们一定要及时地、经常性地总结工作，发扬成绩，纠正错误，深化认识，提高能力，重新出发，奋力前行。

八、厚植秘书工作根基

掌握秘书工作的“看家本领”

经常碰到一些想做秘书和已做秘书的同志问这样的问题：“如何才能做一个好秘书?”这是一个很难回答清楚的问题。因为这个问题的本身就很复杂，“好”的标准不确定，既有“合格”的要求，也包含“优秀”的条件。当然，练就一点基本功，掌握一点“看家本领”是必须的。“看家本领”起码包括具备基本工作能力、保持良好精神状态和克服不良作风影响。

一、具备基本工作能力

秘书是单位和领导的“门面”“耳朵”“眼睛”“手脚”，过去有“顺风耳”“千里眼”之说，外国还有领导的“第二记忆功能器”之说。这些说法都从不同程度和角度说明了其重要性，而非一些人眼中的“花瓶”“影子”“跟班”。

如此重要的工作，需要具备什么样的能力要求呢?从目前秘书界达成的共识看，起码具备如下六种能力：

一是机械技术能力。主要是使用计算机、传真机、照相机、摄像机、投影机、录音机等办公用具的能力，当然也包括汽车驾驶等相应能力。

二是资讯处理能力。秘书往往是资讯处理的主要人员，如果没有一定的资料信息收集、分类、处理、利用的能力，没有一定的判断理解能力，就很容易受其误导，身陷其中无法跳出，以致影响工作，尤其是在遇到非常情况、信息纷至沓来时，更无法迅速理出头绪，做出正确选择。

三是协调指令能力。秘书并没有太多的权力，主要任务就是上传下达，左右兼顾，东调西和，从而把领导意图和工作要求真正落实好。没有一定的组织协调能力，不懂得区分轻重缓急，就无法做到忙而不乱、闲而不松、大事不误、小事不漏，特别是在一些随机性工作中，就无法做到迅速理出头绪、区分轻重缓急，做到处变不惊、从容应对。

四是沟通交际能力。秘书和人打交道是比较多的，无论是对内对外、对上对下，还是安排食宿、行文致函、传达联络、调研督查都离不开有效沟通。如果秘书的沟通交际能力差，就会在大量的人际交往和协调工作中言不及义、束手无策，就不可能左右逢源、得心应手，单位和领导的形象、需要推动和落实的事项肯定受影响。

五是调查研究能力。调查研究是认识世界和改造世界的正确途径，是搞好一切工作的基础前提。秘书工作不是照本宣科，它需要结合本地区、本部门实际为制定政策出谋献策，为决策抓好督查落实。如果不深入调研，掌握真情，就无法做好参谋和助手，因而需要掌握调查研究方法，不断提高能力水平。

六是文字处理能力。文字工作是秘书工作的主要组成部分。可以说，离开文字写作的秘书工作就不是真正意义上的秘书工作。没有较好的文字处理能力很难理解把握文件政策精神，在起草文件时就会词不达意、文不对题，在办理文电中就提不出可资参考的要义建言，在助推文件落实上就抓不住重点，盯不住关键，发挥不出应有的作用。

二、保持良好精神状态

秘书被称为领导身边的“红人”，工作上的“忙人”，生活上的“穷人”。这说明，秘书不是一个容易胜任的角色，政治糊涂、信念不坚的浑浊之人干不好；胸无大志、不学无术的平庸之人干不好；好吃懒做、好逸恶劳的懒惰之人干不好；作风虚浮、投机取巧的狡猾之人也干不好。“干在状态，活在心态。”精神状态好差决定着秘书工作的成败。要干好秘书工作，必须要有一个良好的精神状态，始终充满激情，敢于担当作为，积极追求上进。

一是投注热情。秘书部门是枢纽机关，是干部成长的“高地”，是工作协调督查的“指挥部”，选人用人标准很高。秘书都是东挑西选来的，要珍惜这个能锻炼人的岗位，选择了秘书职业，就要无怨无悔，定下心来，树立干就干好的信心决心，将之作为一项事业、一种追求、一份责任来对待，投入热情、倾注感情、付出真情，把工作干出彩来。

二是自加压力。从事秘书工作要有如履薄冰的风险意识，凡事都要把问题想得复杂一些，把性质看得严重一些，把措施定得周密一些。要善于从小处入手抓大事，从大处着眼抓小事。要时刻盯住一些热点、焦点、难点问题，关注中心工作的动态和细节，重视事物变化的好坏快慢，及时把握、准确了解、超前考虑、处置得当。做好秘书工作还要具备良好的心理素质、工作作风和责任心，化压力为动力，变被动为主动，勇于挑战，敢于硬碰，否则碰上问题容易畏难，遇到困难立马退缩，面对压力就想“躺平”，很难搞好工作。

三是明确目标。做任何一项工作，没有奋斗目标和实施计划，是无法做好的。工作目标的高与低、实与虚、新与旧，在一定程度上决定了工作成效的大与小。在秘书的具体工作中也要有目标计划。一件事情不求时效、不设定阶段要求，就会拖拉延误；不提出具体目标，没有努力的方向，就容易茫然无措；不设定质量标准，没有高要求，就会降低工作目标。

四是作风过硬。秘书工作大部分是繁杂、琐碎的小事，但小事不小，小事办不好就会影响大事。因此，秘书要有良好的作风，只求过得去是不行的，还要力争过得硬。要培养雷厉风行、急事急办、跑前忙后的工作习惯，不畏难、不怕苦、不懈怠、不躺平，切实做到文不积案、事不过夜、立马就办、办就办好。

五是不断学习。社会向学习型发展已是当今潮流和趋势。不注重学习的人肯定会被淘汰，不会学习的人也不可能适应时代的要求。秘书工作涉及面广、灵活性大、动态性强，学习的要求应当更高一些。注重学习、学会学习、不断学习不仅要成为秘书的一种自我要求，更应该成为一种自觉追求。

三、克服不良作风影响

秘书部门和秘书工作都有特殊性，靠近领导，位处中枢，接触面广，引领力强，在工作中形成了许多好的做法和规律，但也容易产生一些影响工作开展的不良习气。

一是教条主义影响。秘书工作处于服务位置，听领导指示办事多，依据文件办事多，许多秘书养成了循规蹈矩的习惯，没有上级文件不办，没有领导指示不办，没有参照旧例不办，很容易形成教条主义。

二是习惯势力影响。按部就班搞惯了，思想上的惰性很容易转化为心理上的定势。这种安于现状、墨守成规，对新思想、新事物，怀疑多于接受，责难多于分析，消极等待多于积极探索的习惯势力，会成为搞好秘书工作的思想障碍。

三是急躁情绪影响。工作多，任务重，压力大，急于求成，脱离实际地追求越快越好，就是急躁情绪。心急吃不了热豆腐，事急办不出高质量。克服这种情绪，就要分清轻重缓急，讲究先行后续，抓住重点，抓好节点，抓出亮点，统筹兼顾，使各方面工作互相促进，形成统一协调的整体。

四是功名思想影响。秘书工作是清苦寂寞的，无职无权，无名无利，需要务实低调，扎实稳健，不求闻达，不计得失，忌讳出头露脸，张扬显摆，抢光夺彩，炫耀自我。一些秘书耐不住寂寞，守不住清苦，抵不住诱惑，总想利用岗位优势建立关系，扩大影响，办事方便，总爱靠着"朋友"改善生活、享受奢侈，甚至追名逐利，公器私用，满足欲望。如此德行，必然会给领导形象带来损伤，给事业工作带来损害，给个人发展带来损失。

人品好是前提也是根本

秘书的人品是秘书理论修养、政策水平、知识积累、工作能力、写作功夫的外在表现，关系到胸怀问题、觉悟问题、追求问题和信念问题，是一个人的世界观、人生观、价值观的具体体现，也是一个秘书的忠诚所在、高尚所在、光荣所在、力量所在。

人品内涵包含很广，最基本的要求应该有四点。

一、政治过硬

政治过硬包括保持政治上的清醒和政治上的坚定。政治上的清醒，就是要对党的理论、路线、方针和政策有正确的认识，对新时代发展中出现的各种事物、现象有敏锐的洞察力、判断力和辨别力，能够辨别出符合社会历史进步要求的新事物，对不符合人民利益、不利于社会进步的事物保持警觉。政治上的坚定，就是面对纷繁复杂的社会现象、理论观念，始终坚持党性的要求，坚定人民大众的立场，坚决维护中央的权威，与党和人民在政治、思想、言语、行动上保持高度一致。

保持政治上的清醒与坚定也就是明大理、识大体、顾大局、谋大事，懂得用政治眼光对发生在生活、工作中的诸种事物、现象和观念加以评判与衡量，并能针对不同问题采取不同的态度和措施来解决。秘书部门是领导机关的协调部、参谋部、服务部、后勤部，每个秘书都必须增强政治意识，坚持正确的政治方向，对上级的方针政策和决定以及指示精神，理解要准，反应要快，落点要实；做每一件事，都应高处站位，立足大局，克服小我，抵住诱惑，能够经得起政治、实践和历史考验。

二、胸有大局

秘书工作不处中心但影响中心，不做决策但影响决策。顾全大局、服务大局是其根本要求。顾全大局和服务大局首先要胸有大局，那就要求把工作放到全局中去思考、去把握，找准位置，发挥优势，还要从大局中找题目、做文章，结合本地区本部门的实际，创造性地安排工作，抓好落实，做出成绩。当前，秘书部门和秘书工作者的思想和行动离上级的要求和大局需要还有不适应的地方，沉入具体事务多，按部就班多，议大事、识大局不够，站位不高，看得不远，等等，这些都需要花大力气去切实转变。

强调胸有大局，就要提倡紧密围绕中心工作和领导需求来开展工作，认真领会上级的每一个指示，认真研究上级在每个时期所布置的工作重点，善于从上级文件以及会议精神中领会上级对基层的要求，善于从客观情况的发展变化中分析上级对资讯的需求，观在大处，谋在深处，干在实处，确保党的中心工作不断推进落地。

三、忠诚老实

忠诚老实，首先要做到的是实事求是。在改革和建设过程中，新情况、新问题层出不穷，情况千差万别，要弄清实际情况不是轻而易举的，必须要用极大的精力去调查研究，对具体问题具体分析，根据事物的本质做出正确的结论，尊重实际，尊重事实，真正做到按客观规律办事。在现实生活中，存在着许多不按客观规律办事的现象和行为。有些人热衷于阿谀奉承，吹吹拍拍，用大话、假话哄骗领导、取悦领导；有些人嘴上说的和心里想的不一样，当面说的和背后讲的不一样，向领导汇报的和与群众交谈的不一样；有些人弄虚作假，伪造政绩，掩盖问题，文过饰非；等等。

对秘书部门来说，要做到实事求是，坚持原则很重要。一切工作都要按规定程序办，不能以自己的好恶排顺序、论是非，扣压文件，隐瞒真相。没有原则，就容易出现差错，尤其是在思想混乱和情况复杂的环境中。坚持实事求是不容易的，或许有时还会给个人利益带来损失，但作为秘书不能因此而置原则和事实于不顾，不能只看“来头”“背景”和“脸色”行事，不然会务虚名而得实祸。

文贵曲，人贵直。忠诚老实乃做人之本，立事之根，是人生道德修养中的瑰宝。凡是失职的秘书往往是从不诚实这个缺口开始变质的。一个秘书有了忠诚老实的美德，一切以实为本，诚实、务实、求实、朴实，才能让领导委以重任、托以大事，才能成为领导信赖的得力助手。那种利用在领导身边工作的机会吹喇叭、抬轿子、说是非，或者利用接触面广的条件网络个人关系、搞投机钻营的人，历来都为高尚正直的人所不齿。

坚持实事求是，做忠诚老实之人，虽然阻力重重，但作为秘书仍应坚持做到不管阻挠的风头再硬，党性都不能丧失；关系再“铁”，事实都不能颠倒；个人损失再大，事业都不能受损。

四、吃苦守正

秘书工作十分辛苦。上班早，下班迟；班上忙不迭，班下事不休；常常是“5+2”“白＋黑”（五天工作日加上两天双休日连续上班，白天和黑夜都在加班）；许多事都要想在前、干在前、快半拍，精力和时间花费很多，“落埋怨”“被冤枉”也是常事。秘书往往又都在默默无闻工作，只在后台辛苦，不能在台前抛头露面，真正是“任人难任之怨，承人难承之重，挑人难挑之担”。有一首顺口溜或可反映一二：“像猴一样精灵，像狗一样忠诚，像羊一样温顺，像牛一样勤奋，像鸡一样守时。”因此，秘书要不计得失，肯于吃苦；不计名利，积极进取；不计权位，克己奉公。

光吃苦未必成为好秘书，还要多在人品上历练自己，特别是要做到：处理好领导、同事和群众的关系，心胸宽广，不唯我独尊；虚心学习，不文人相轻；取长补短，不诿过于人；洁身自好，不以位乱权；耐得寂寞，不拨弄是非；积极主动，不阿谀逢迎。在任何情况下都要切实做到面对物质利益不贪不占，面对个人荣誉不争不抢，面对工作失误不推不绕，面对艰难险阻不躲不慌，胸中装得下多种多样的事，脑里听得进多种多样的话，心里放得下多种多样的人。

德在文中

文德，是社会主义职业道德的特征，是共产党员党性原则的表现，是一个人立言立功立德的要义。我国古代文人名臣中有不少人，很讲究文德修养，风骨感人。唐朝的白居易，坦然地以一生“未尝著空文”而自豪，刘知几提倡著文“言必近真，从实而书”。旧时代的文人尚且有这样的追求，新时代的秘书工作者更应该勇于为党的事业和人民的利益牺牲个人的利益，敢于同文牍主义、教条主义、官僚主义、形式主义做斗争。

文德的体现不是空洞的，而是表现在工作作风、思想追求和文章风格上。

一、坚持真理

坚持真理，要有原则性。凡事都要按党和国家的政策办事，不讲情面，不拉关系；要有高度的政治意识，政策性、纪律性强；要旗帜鲜明、是非分明，决不能在原则问题上含含糊糊、模棱两可，更不能看来头、“随风倒”，拿原则换人情、做交易；要自尊、自重、自立、自强，为人正直，不搞派别活动，不发违规言论。可以这样说，没有原则性，必然会缺乏激情和政治灵魂，很难在错综复杂、风云变幻的现实生活中写出主题积极、事实准确、具有社会效益的公文来。

坚持真理，要有正气、骨气和勇气，做到不欺下瞒上，不阿谀奉承，不弄虚作假，绝不见风使舵，绝不盲目服从，心要正，腰要直，手不长，嘴不馋。要切实做到既积极主动，又不越位；既大胆负责，又不“挟天子以令诸侯”。

坚持真理，根本的是要坚定事业追求。要看到秘书部门的一文一会一事都是党的伟大事业中的组成部分，都能起到服务中心、促进发展的重要作用。因此，秘书要时刻与党中央保持高度一致，认真加强理论学习，提高政治素质，正确认识和把握全党全国工作大局，不断研究新形势下“三服务”工作中出现的新情况、新矛盾，掌握新知识、新要求，总结新经验、新规律，做胜任秘书工作的热爱者和内行人。

二、认识准确

认识准确就是指要真实地、辩证地、全面深刻地反映客观事物，既要看局部，又要看全局，既要看现象，更要看本质，不夸大，不缩小，不歪曲，不说谎。

认识准确，重在认识实际，特别是“当地实际”。“当地实际”包括很广，如当地的历史、现状、优势、劣势、经济、政治、制度、文化，当地的道德风尚、民情风俗等，由不同方面和层次构成。认识“当地实际”不能仅仅是认识一个点，更要认识一条线、一个面。实际中的任何一件事物、任何一种情况，都不是孤立的、静止的、一成不变的，而是相互联系、不断运动、不断变化发展的。认识实际不能用形而上学的观点去看待实际，而是既要看到一个一个的具体事物，又要看到它同其他事物的联系，既要看到事物的现状，也要了解它的历史，预测它的未来和发展。实践证明，脱离实际，仅靠上级文件和某领导的几句话就拍脑袋想当然地写公文，这样写出来的公文即使不犯错误，也不会有新意，不会有深度，不会有生命力。

认识准确，了解实际，一定要深入实际，密切联系群众。事无大小，深入就实，眼睛向下看，脚步朝下走，才能了解到事物的实际情况，才能把握事物的发展方向、发展趋势、发展潜力。事物的发展变化是无限的，每个人、每代人的认识能力是有限的。显然，我们不可能穷尽对客观事物的认识，但我们的认识却可以不断地、无限地接近客观事物。只有认识准确，我们的眼界才宽，脚步才实，力量才大，才能在新时代的伟大征程中阔步前进。

三、勇于创新

有人讲过：一篇公文，有新意，有新材料，有新角度，为上品；少新意，但构思新，叙述新，为中品；既无新意，又无新例，更无新的语言，则是下品。这种说法不无道理。公文的程式性较强，规范性要求也高，要创新，是不是抛开公文“条例”那一套而另起炉灶呢？当然不是，重要的体现还是内容的创新，结构的创新，语言的创新。当然，文种也是可以创新的。事实上，目前所实行的15种文种中，不少也是创新而来的。随着时代的发展，有些文种必然会被淘汰，新的文种也会产生。

在公文写作中强调创新，就是要求写作者吃透“上情”和摸清“下情”，并将两者有效结合。中央的政策文件是根据全国范围内情况制定出来的，是对事物普遍性的概括和反映，是对实际工作普遍性的指导意见，写作者应该下功夫学深学透其精神。但由于各地区各部门的具体情况千差万别，各具特殊性，因而写作者应该摸清情况，并且把中央精神和本地情况结合起来，拿出贯彻落实的意见。要创新，还要把继承借鉴和发展创新相结合。事物是不断发展变化的，这就要求写作者不能停留在原有的起点和角度看问题写公文，而是坚持把继承借鉴和发展创新有机地统一起来。发展创新并不意味着完全舍弃过去，全面否定历史，相反，必须以前人的事业和知识为基础，以过去的文件和成绩为新的起点，创造新的成绩，总结新的经验，出台新的政策，开创新的局面。

在公文写作中追求创新，要发挥写作者的主观能动性，更要依靠广大的人民群众。写作者个人的主观努力是创造性开展工作的重要前提条件。创造性的工作是一种探索、一种尝试，没有个人的思考和努力是很难完成的。但是写作者向壁虚构、闭门造车也是无法拿出真正体现时代精神“新”的东西来的。写作者只有深入第一线，深入群众，真心诚意地学习群众的语言，总结群众首创的经验才能真正“有所发现，有所发明，有所创造，有所前进”，写出好公文。

简言之，勇于创新要做到不囿于小识，拓宽视野；不越权过位，放开手脚；不墨守成规，大胆探索；不故步自封，有所创造。

四、敢讲真话

公文中造假浮夸现象一度很严重。数字水分很大，事实添枝加叶，问题文过饰非，依据捏造虚构，使得公文的公信力大大降低。

中国共产党一直提倡党员干部要做老实人、说老实话、办老实事，做实事求是的模范。讲真话的目的就在于让上级领导能够全面、准确、客观地了解情况，向其求得工作上的指导，进而采取措施，把事情办好。现实生活中，总是喜忧并存。强调一面而否定另外一面，看到一面而忽视另外一面，都是不尊重客观、不实事求是的表现。面对客观现实中的问题，该讲真话不讲，该报实情不报，甚至眼睁睁地看着有些问题发展蔓延，危害党的事业，这不是一个秘书应有的态度，更是违反党的纪律的行为。

讲真话在秘书工作中的体现是全方位全过程的。在公文写作中要尊重客观，查清实情，用第一手材料来支撑观点。在参谋决策中要核准真情实况，避免决策“陷阱”，理清可能影响决策的虚假材料，慎重地发表意见，起码做到没有意见就不讲，讲就讲真话。如果领导身边的秘书都不讲真话了，那必将产生许多决策“灾难”。

秘书也要有“嘴上功夫”

秘书工作的接触面广，接待人多，既有专家学者，又有普通技工；既有领导，又有群众；既有外宾，又有内客；既有女性，又有男性。应付这么复杂的人际关系且要做到得心应手，“嘴上功夫”不行是难以胜任的。我们常常看到身边的一些人，或因为一言不慎把一件事情办砸，或因为一句好话化解了办事之难。可以这么说，不卑不亢的说话态度、优雅适宜的肢体语言、活泼俏皮的幽默表现是一个秘书走向成功的必要技能和基本功夫。

从发展方向看，很多秘书都会转从其他工作，不少人还会走上领导岗位，“嘴上功夫”的强弱对秘书个人的成长、发展十分重要。因此，做秘书要有“嘴上功夫”，努力做到写是能手，干是巧手，说是高手。也许有人会说，秘书做的是服务性工作，是配角，出席公开场合的活动轮不到他们，发表讲话的机会不给他们，哪里有锻炼的场所和机会？实际上，秘书岗位本身就是一个很好的锻炼提高的平台。

在写作中磨炼。秘书在帮助领导写作讲话稿时，就可以把自己当作领导来思考问题、选定主题、咬定难题，学会收集材料、选择材料、组织材料。稿子写成之后，秘书要模仿领导，反复地朗读，反复地体验，反复地修改。如果秘书将自己当作领导来进行这个过程，久而久之，表达能力就提高了。

在交往中历练。秘书要成为领导与外界的凝聚因素而非耗散因素，提高沟通能力很重要。秘书不是要接触各层次各方面的人员吗？这就是练习讲话沟通的好机会。沟通，就要揣摩对象的神态，了解其知识修养、性格爱好、想法要求，然后选择好问题来交谈，既可以交流情况，又可以宣传政策，还可以解疑释惑。俗话说得好：“良言一句三冬暖，恶语伤人六月寒。”因此，在与别人进行沟通时要思路清晰、语句流畅、语气温和，不能漫无边际、旁若无人、口无遮拦，也不能重复啰唆、结结巴巴、词不达意，而是要看准对象说话，咬住问题说话，把握时机说话，切合场所说话。

在生活中锻炼。秘书生活的接触面是广泛的，秘书工作的接触性是多元的，因而，在沟通中要“因人而异”“看菜下饭”。对领导讲话，要委婉有分寸，言词得体，态度谦逊。对同辈讲话，要平等真诚，不可自傲吹嘘，忘乎所以，喋喋不休。对群众讲话，要中肯动听，尊重包容，不能以大话压人，信口开河，油腔滑调，成为一个“瞪着眼睛说大话，放弃原则说小话，言不由衷说虚话，出言不逊说粗话，离题万里说废话”的人，从而失去领导和人民群众的信任。

在活动中训练。口才不是天生的，它要通过不断训练才能得到提高。如果秘书有机会去参加各种培训和学习，特别是党校、高校、干部培训中心的学习，要积极参加各种活动，争取发言的机会。在平时的工作中，要充分利用秘书间的相互活动，单位间学习考察的活动，党委、团委、工会、妇联的活动来提高自己的演讲沟通能力。只要充分利用一切机会来提高说话能力，秘书是完全可以练出超群的“嘴上功夫”的。

“嘴上功夫”是秘书思想境界、思维方式、生活经历和能力素养的综合体现，是秘书工作的一门必修课。如果秘书能把学习能力、理解能力、倾听能力、演讲能力、对话能力培养好，就能够为提高工作能力奠定坚实的基础，展现更加良好的形象，赢得更多成功的机遇。

谨记“祸从口出”

“领导讲话你啰唆，领导夹菜你转桌，领导拿少你拿多，领导私事你瞎说……”，这是一首颇为流行的顺口溜，讽刺了某些秘书的不当行为。“领导私事你瞎说”所表达出来的应为领导保守秘密的意思值得秘书重视。

秘书时时跟着领导，掌握各方面的情况较多，接触内部机密的机会也较多，如果嘴巴不紧，不该问的问了，不该说的说了，就很容易泄密，造成严重后果。2019年9月2日的《参考消息》刊登了《酒后向记者讲述总统家庭隐私　美媒披露特朗普助理泄密原委》一文。文中说到，特朗普总统28岁的女助理马德琳·韦斯特豪特在新泽西州贝德敏斯特工作度假期间的一次非正式晚宴上，她在与记者们畅饮几杯之后，向他们讲述了有关总统及其家人的私密细节，包括特朗普的饮食习惯、他的小儿子巴伦以及特朗普对女儿蒂芙尼体重和外貌的看法。这导致了韦斯特豪特的离职。类似案例，在中外秘书界并不少见。为什么会有嘴巴不紧的情况呢?

一则虚荣所致。有些秘书比较虚荣，他们常以自己掌握机密为荣，在朋友交往和亲属圈子中喜欢说些“内部情况”“小道消息”，显示自己的重要，抬高自己的地位，炫耀自己的能力。也有些秘书抵不住社会上一些不怀好意的人“套话”，有意无意地暴露出领导正在思考的事情、个人的行踪以及对人对事的褒贬，从而影响领导形象、干扰工作部署，也会影响自己的发展。

二则利益所诱。保密的最终目的，就是维护利益，维护国家利益、集体利益和个人利益。无利可保不成其为密，这既是保密工作的基本起点，也是最终目的。当前，以窃密为主的情报战愈演愈烈，手段不断翻新，投入越来越大，许多人经不住利益的诱惑，嘴巴被“利”字撬开了。

也有些秘书平时爱交朋友、蹭饭局、图享受，在周边人的围捧下，在商人老板送钱送物后，什么话都说，什么事都干，把党和人民利益置之脑后，甚至走到以权谋私的邪路上去了。

三则无畏所为。有关保密的规定和法律并不少，只要严格遵守，就能做好保密工作。遗憾的是，很多泄密事件的发生，不是由于保密法规不健全，而是由于秘书的保密意识不强，对法规的敬畏之心不够，执纪守法的自觉性不高。因此，牢固树立纪律观念，深植敬畏之心，学习掌握保密的相关法规及办理程序，切实按照有关文件执行，是做好这项工作的基本要求和不二法门。

列夫·托尔斯泰在《战争与和平》一书中有句名言："祸从口出，我的嘴巴是我的敌人。"中国人也有"烦恼总为多出口"的生活经验总结。人人都有一张嘴，有人因此争取到了发展机遇、幸福生活和朋友情谊，有人却因此得罪他人、失去朋友、影响前程和损害事业。

守住秘密，永远是做好秘书的第一原则。

学好党的秘书史

中国历来有“治天下者以史为鉴，治郡国者以志为鉴”之说。自古以来，历史知识、历史智慧和历史经验像一盏盏灯塔，照亮了人们前进的道路，造就了无数英才俊杰。了解历史、学习历史、研究历史，是为了认识现实世界、推进实践活动。

中国共产党是一个历来重视学习历史的党。在建党一百周年之际，在“两个一百年”奋斗目标历史交汇的关键节点，党中央决定在全党集中开展党史学习教育。通过党史学习教育，牢记初心使命，达到学史明理、学史增信、学史崇德、学史力行的成效，增强做中国人的志气、骨气、底气，教育引导全党保持“赶考”的清醒，以新时代党的自我革命引领新的伟大社会革命，以昂扬姿态奋力开启全面建设社会主义现代化国家新征程。

作为共产党领导下的秘书工作者，在学习党史中应该侧重学好党的秘书史。

回顾中国共产党的秘书工作历史，光荣而又神圣。1921年7月，党的第一次代表大会就很重视会务工作。毛泽东是大会的代表兼秘书，负责会议记录等工作。1923年，党的三大通过了《中国共产党中央执行委员会组织法》，规定了秘书的主要职责，即“〔负〕本党内外文书及通信及开会记录之责任，并管理本党文件。本党一切函件须由委员长及秘书签字”，进一步明确秘书的工作性质。1926年7月，党召开四届三中全会，中央成立秘书处，秘书处成为中央政治局的办事机构；后来又在地方党组织及工会、农会中设置秘书机构。第二次国内革命战争时期，中央苏区设立了总务厅、办事处、办公室、总务股等秘书机构，并设置秘书长一职。1931年，党制定了《文件处置办法》，从而进一步规范了党的秘书工作。许多老一辈无产阶级革命家，不仅亲自做过秘书工作，而且对发展秘书工作做出了杰出的贡献。除毛泽东、周恩来、邓小平外，王若飞、蔡和森、张太雷、吴玉章、瞿秋白、李维汉、任弼时、邓颖超等，都在不同时期从事过中央或各级机构的秘书工作。

新中国成立后，秘书工作进入了一个崭新时期，1951年中央召开第一次全国秘书长会议，制定系列文件，对秘书工作做出全面部署，明确规定了秘书部门的工作性质，要求秘书养成任劳任怨的工作态度和谦虚、谨慎、细密、切实的工作作风，这标志着我国秘书工作走向了逐步规范的时期。从20世纪50年代到60年代中期，毛泽东、周恩来多次发出反对官僚主义、分散主义、教条主义、形式主义、文牍主义的号召，批评公文多、会议多、报表多的现象，并强调秘书要大兴调查研究之风，要满腔热忱地对待群众来信来访，要学习科学文化知识，学习语法、修辞、逻辑学等，这些指示都对社会主义秘书工作的建设有着重要的指导意义。

“文革”期间，秘书部门和秘书工作受到了严重冲击与影响。党的十一届三中全会以后，经过拨乱反正，秘书工作以崭新的面貌重新起步发展。1981年初，国务院办公厅颁布《国家行政机关公文处理暂行办法》，中共中央办公厅也发布一系列文件，初步规范了党政机关的秘书工作。各地恢复并整顿秘书、档案、信访部门，秘书队伍不断壮大，文化素质不断提高，重新焕发出活力与生机。20世纪90年代以后，秘书工作得到了前所未有的重视，秘书学科建设也有突破性的发展。1996年5月3日，中共中央办公厅正式印发《中国共产党机关公文处理条例》，2000年8月24日，国务院发布《国家行政机关公文处理办法》，进一步提升和推进了秘书工作。2012年4月16日，中共中央办公厅、国务院办公厅印发《党政机关公文处理工作条例》，将党政公文合并为15种，奠定了公文新规范，公文处理工作进入历史新阶段；5月26日，中共中央印发《中国共产党党内法规制定条例》；5月29日，中共中央办公厅印发《关于加强和改进党委督促检查工作的意见》；10月21日，中共中央办公厅、国务院办公厅印发《关于建立健全中央重大决策部署贯彻执行情况监督检查机制的意见》。

党的十八大以后，党中央对秘书工作重新做出部署，完善和新印发一系列文件。这一系列文件极大地推进了秘书工作的科学化、制度化和规范化，特别是一些先进的技术和手段引入秘书工作后，秘书部门处于政治、技术、经济、社会的全面、迅速、深刻的大变革之中，秘书职业专门化、秘书手段现代化、秘书理论学科化、秘书职能多样化已成共识和趋势，给秘书工作带来了新的机遇和挑战。

抚今追昔，我们无不惊叹社会发展之迅速。中国共产党的秘书工作已发展成为一个有独特的性质特点、地位作用、功能职责、服务宗旨的门类齐全的行业，其基本职能贯穿了从决策到落实的全过程，体现出深刻性和全面性。

前事不忘，后事之师。回顾百年党的秘书工作历史，就是要我们记住无数先烈为此付出的心血和奉献，没有他们的前仆后继和流血牺牲，就没有我们的今天；就是要我们珍惜现在秘书工作来之不易的良好环境和条件，认真地总结现在的秘书工作经验，不断地探索前进；就是要我们去思考和展望未来，加倍地努力工作，记住肩负的历史责任，把前人呕心沥血、披荆斩棘奠定的良好基业继承下来、传承下去，共同促进秘书事业的健康发展，在新时代有新担当、新作为、新发展、新气象。

后　记

有人曾经问我，从事近30年秘书工作，有什么可以对秘书同行说说的秘诀和要招？我的回答是，秘书工作实践性最强，没有秘而不宣的东西，靠的是实干、巧干和苦干。

我不揣浅陋地向社会端出过自己的体会、感受和思考，先后出版过《公文写作方法论》（广西人民出版社）、《秘书工作方法论》（中国财政经济出版社）、《从秘书到领导》（中国民主法制出版社）、《公文写作——成功的隐形翅膀》（中国民主法制出版社）。此次所出的这本是四本书主要内容的选取，加上十多年来新写文章的汇集。因此，此书既是过往自己从事秘书工作的深情纪念，也是人生历程中不负韶华的思考印记，更是对未来秘书事业高质量发展的殷殷期盼。

中国人喜欢将一项工作、一个行业提升到理论层面去认识和探索，即进行学科性、体系性和理论性建构。秘书学界的专家学者与实际工作者倾情耕耘、倾心研讨，见解百花齐放，论著推陈出新，秘书工作理性认知不断得以深化拓展，学科建设不断走向规范完善。我在书中尽量反映和体现这些理论成果，从而使书稿的层次有所升华，内涵更为丰富，让读者在悟理中把握方向、把住规律、把准要津。

需要说明的是，本书所收内容以曾经发表过的文章为主，难免有时代刻痕。在写作时，后文参考前文，也会有因袭相依的观点及文字。虽然做了删削修正，但是依然会留遗憾。

这次整理出书，各方人士给予的帮助支持极大，本应逐一列名道谢，但因其人甚多，数列难全，只能分类致敬：

一是关心培养我的领导前辈；

二是赐教点拨我的学者专家；

三是帮助支持我的同事同行；

四是理解包容我的亲人朋友。

特别要提到的是，广西师范大学出版社给了本书直面市场挑战的机会，这份胆识和信任，我十分珍惜和感动。出版社领导黄毓和黄玉东为推动本书的出版指导给力，鼓励有加，责任编辑黄丽江为本书的质量提升润色打磨，用心良苦，其他同志为本书的出版提供支持帮助，增光添彩，这些关心和情谊，我十分敬佩和感激。

谨此为记。

王西冀

2024年1月17日